Alberto Gandolfo

QUELLO CHE RESTA

WHAT REMAINS

CE QUI RESTE

SilvanaEditoriale

a cura di / edited by / sous la direction de
Benedetta Donato

Ad Adriano, che possa essere
un portatore sano di memoria.

To Adriano – may he be
a healthy carrier of memory.

À Adriano, qu'il puisse être
porteur de mémoire.

LE EREDITÀ NASCOSTE

di Benedetta Donato

Ciò che mi interessa nella fotografia è questo rapporto con la realtà [...]. In linea di principio la fotografia dice la verità e trasmette la realtà, anche se non è del tutto vera. D'altra parte, la fotografia è un oggetto legato a un soggetto e alla sua assenza.
Per questo la fotografia evoca spesso la morte, perché vediamo un oggetto che ricorda un soggetto assente. [...] Non c'è carne. [...] C'è sempre l'idea della persona assente in una foto.[1]
Christian Boltanski, 1997

Mostrare se stessi, accettare di dichiarare la propria identità, di essere rappresentati e apparire esclusivamente attraverso le proprie sembianze, uscendo dall'anonimato senza alcun filtro, cui demandare il ricordo di soggetti assenti, è ciò che emerge dai ritratti realizzati da Alberto Gandolfo per questo lavoro.
Un progetto iniziato nel 2017, con lo scopo di denunciare le evoluzioni, talvolta surreali, legate a fatti inerenti la cronaca italiana degli ultimi quarant'anni, che rischiano di essere dimenticati e sui quali persistono delle zone buie, per cui ancora si attendono barlumi di luce.
Nel percorso intrapreso, man mano che l'autore va documentandosi e instaura i primi contatti con i personaggi vicini alle vittime di quei tragici episodi, qualcosa cambia.
Emerge un'urgenza, che non depotenzia l'intento contestativo primordiale, ma guarda oltre la contingenza dei fatti, imponendo una riflessione sulla nuova direzione che questa ricerca va a intraprendere: far conoscere quello che è successo dopo i drammatici accadimenti, attraverso le vite e i volti straordinari di chi è rimasto, rendendoli protagonisti della narrazione.
In queste figure, che offrono alla fotocamera i propri spazi e accondiscendono alle richieste dell'autore, esiste traccia di un passato non poi così lontano, contrassegnato da un dolore inenarrabile; ed esistono i segni di un tempo presente caratterizzato da azioni continue volte alla ricerca della verità.
Le eredità da nascoste divengono visibili, da ombre si tramutano in carne viva e, attraverso quei visi di esistenze, dapprima vissute come testimoni e poi da soggetti attivi, ci viene restituita la possibilità di entrare in contatto con una storia che è nostra e contemporanea.
Si arriva a stabilire una nuova dialettica tra le storie trasmesse attraverso il vissuto delle singole persone ritratte, da una parte,

1 *Christian Boltanski, Pentimenti*, catalogo della mostra (Bologna, Villa delle Rose, 30 maggio - 7 settembre 1997), a cura di Danilo Eccher e Daniel Soutif, Edizioni Charta, Milano 1997, p. 105.

e l'identità collettiva, dall'altra, rappresentata dallo spettatore, che si accosta a queste fotografie, rielaborando quegli eventi e le loro conseguenze come fatto attuale e personale, in quanto ha specifiche ricadute riguardanti non solo i singoli individui coinvolti, ma un'intera società.

Sono immagini legate ad accadimenti tragici e a misteri, di cui è stato ampiamente diffuso il materiale iconografico realizzato nel corso del tempo. Qui non ci troviamo di fronte alla scena del crimine o a immagini di cronaca, ma a essa ci rimandano, raccontando tutto quello che non è emerso, che è rimasto fuori dall'inquadratura del momento, con la stessa dirompente preponderanza delle fotografie già veicolate, di cui è difficile non avere memoria: si pensi all'ampia rappresentazione realizzata da autori, quali Letizia Battaglia e Franco Zecchin – giusto per citarne alcuni –, al materiale conservato presso gli archivi stampa esistenti e oggi divenuto accessibile tramite la rete o alla documentazione condivisa da associazioni, dislocate in tutta Italia, nate per commemorare le vittime e per supportare le battaglie finalizzate a ottenere giustizia. Delitti e stragi a opera di organizzazioni criminali come la mafia o attentati rivendicati da gruppi estremisti, morti per carenza di adeguati controlli nelle infrastrutture o per mancanze nell'adozione di determinate procedure sanitarie, misteri legati alle speculazioni finanziarie o allo spionaggio informatico: sono le vicende che entrano nelle esistenze di questi personaggi, cambiandone irreversibilmente il corso.

Ci sono le vite di chi resta, i lasciti involontari riportati nelle testimonianze raccolte dall'autore; quelle che vanno oltre la tempestività e la prossimità legate all'immediata narrazione delle manifestazioni di eventi concomitanti, al di là delle reazioni subitanee del dolore che può scaturire dalla perdita di una persona cara. Esistenze trasformate e spese alla ricerca di un'unica verità che, proprio come la fotografia, non collima mai del tutto con la realtà, "si lascia sfuggire qualcosa, mancando, anche di poco, il bersaglio".[2]
Ogni vicenda narrata è infatti caratterizzata da un corto circuito dicotomico, che vede spesso la contrapposizione tra realtà-verità storica e realtà-verità giuridica.
Dalla mole di atti processuali e dalla documentazione che l'autore e chi scrive hanno avuto la possibilità di consultare, dai confronti individuali avvenuti prima, durante e dopo le sessioni di ritratto, emergono certamente le contraddizioni di un sistema che fatica a ristabilire un equilibrio e una

2 Gayford M., *A Bigger Message. Conversazioni con David Hockney*, Einaudi, Torino, 2012, p. 47; Edizione originale: *A Bigger Message: Conversation with David Hockney*, Thames & Hudson Ltd, London, 2011.

coerenza tra storia vissuta e giustizia attesa. In questo lavoro emerge, con ancora più chiarezza, quanto le azioni delle singole persone ritratte concorrano al perseguimento di un obiettivo armonico, che veda i due poli ricongiungersi in una relazione virtuosa e che possa tracciare una direzione, affinché la verità storica corrisponda finalmente alla verità giuridica.
Queste vite riemergono dall'anonimato come immagini di volti per gran parte non conosciuti, divenuti ora permanentemente visibili e impressi sulla pellicola fotografica di piccolo formato che, da oggetto minimale, si trasforma in mezzo carico di significato, in cui convivono le assenze di chi non c'è più e le presenze di chi è rimasto.
Le fotografie di Alberto Gandolfo non sono leggibili come riproduzioni di ombre o fantasmi, alle quali sarebbe demandato il compito di sostituire i soggetti reali, per rendere presenti, in altre forme e sotto alternative sembianze, le rappresentazioni dell'assenza. Quasi a voler cristallizzare frammenti di esistenze remote.
Diversamente, sono in maniera dichiarata ritratti informali e istintivi, immagini basate sull'atto costante del ricordare, che qui appaiono nuove, vive, forme visive di resilienza, per supportare memorie trascorse, azioni presenti e future, dal significato ambivalente: la memoria individuale, che ognuno dei soggetti coinvolti conserva e rappresenta, diviene collettiva.
Finalmente riconosciamo in quei volti le esistenze reali di chi ha condotto battaglie tuttora in atto e ci prendiamo carico di storie ed evoluzioni appartenenti alla nostra contemporaneità che, grazie alle fotografie del lavoro presentato nelle pagine seguenti, non rischiano di cadere nell'oblio.

HIDDEN LEGACIES

by Benedetta Donato

What interests me in photography is this rapport with reality [...] As a matter of principle, photography tells the truth and conveys reality, though it is not completely true. Then again, photography is an object tied to a subject and to its absence. Thus, photography often evokes death, because we see an object recalling an absent subject. [...] There is no flesh. [...] There is always the idea of the absent person in a photo.[1]
Christian Boltanski, 1997

Showing one's face, agreeing to proclaim one's identity, to be represented and become visible exclusively through one's own appearance, at times emerging from anonymity with no filter, onto which the memory of absent subjects is transferred: this is what emerges from the portraits taken by Alberto Gandolfo.

A project that began in 2017, with the aim of exposing the occasionally surreal evolutions surrounding facts linked to the Italian news of the past forty years. Grey areas persist throughout these facts, which run the risk of being forgotten and for which we are still waiting for glimmers of light.

Something changes along the journey, as the author gradually gathers information and establishes his first connections with the people close to the victims of those tragic episodes. A sense of urgency surfaces, not weakening the primeval protest intent but, rather, gazing beyond the events themselves to enforce a reflection on the new direction taken by this study. That is to say, shedding light on what happened after the dramatic events, through the amazing lives and faces of those left behind, who take centre stage in the narration.

1 *Christian Boltanski, Pentimenti*, exhibition catalogue (Bologna, Villa delle Rose, 30 May-7 September 1997), edited by Danilo Eccher and Daniel Soutif, Edizioni Charta, Milan 1997, p. 105.

LES HÉRITAGES CACHÉS

par Benedetta Donato

*Ce qui m'intéresse dans la photographie, c'est ce rapport avec la réalité [...].
En principe la photographie dit la vérité et transmet la réalité, même si elle n'est pas tout à fait vraie. D'un autre côté, la photographie est un objet lié à un sujet et à son absence.
C'est pour cette raison que la photographie évoque souvent la mort, car nous voyons un objet qui rappelle un sujet absent. [...] Il n'y a pas de chair. [...] Il y a toujours l'idée de la personne absente dans une photo*[1].
Christian Boltanski, 1997

Se montrer, accepter de décliner son identité en sortant parfois de l'anonymat, d'être représenté et d'apparaître exclusivement à travers sa propre apparence, sans aucun filtre, et lui confier le souvenir de sujets absents, telle est l'essence des portraits réalisés par Alberto Gandolfo pour cet ouvrage.

Un projet commencé en 2017, dans le but de dénoncer l'évolution, souvent surréaliste, de certains faits divers italiens de ces quarante dernières années, qui risquent d'être oubliés et sur lesquels persistent encore des zones d'ombre qui attendent d'être dissipées.

Dans ce parcours entrepris, au fur et à mesure que l'auteur se documente et établit les premiers contacts avec les proches des victimes de ces épisodes tragiques, quelque chose évolue. Un sentiment d'urgence éclate, qui, sans affaiblir l'intention contestataire initiale, va au-delà de la contingence des faits, en imposant une réflexion sur la nouvelle direction dans laquelle cette recherche s'engage : révéler

1 *Christian Boltanski, Pentimenti*, catalogue d'exposition (Bologne, Villa delle Rose, 30 mai - 7 septembre 1997), sous la direction de Danilo Eccher et Daniel Soutif, éditions Charta, Milan 1997, p. 105.

These figures, who welcome the camera into their spaces and consent to the author's requests, show traces of a not-so-distant past, marked by indescribable pain. They also show signs of the present, characterised by actions incessantly geared towards the search for the truth.

Their legacies from hidden become visible, from shadows they become living flesh. And these faces of existences – experienced first as witnesses and then as active subjects – restore the possibility of making contact with a history that is our own as well as contemporary.

This leads to the establishing of new dialectics between – on the one hand – the stories conveyed via the experiences of the individuals photographed and – on the other – the collective identity embodied by the viewers who approach these photographs, revising the events and their consequences as current and personal facts, by virtue of the specific repercussions that concern not only the individuals involved, but society as a whole.

These images are linked to tragic events and mysteries of which the iconograph events that entered the lives events that entered the lives hic material produced over time has been widely circulated. Though we are not facing crime scenes or news images, these photographs refer to them by relating everything that has never emerged, that has stayed out of the framing of the moment, with the same overwhelming predominance of already-known photographs that it is hard to not recall. For example, the widespread portrayals by authors such as Letizia Battaglia and Franco Zecchin (just to name a few); the materials preserved at the existing press archives, now accessible via the Web; the records shared by the associations, scattered all over Italy, that were founded to commemorate the victims and to support the battles aimed at achieving justice. Crimes and massacres carried out by criminal organisations such as the Mafia or attacks claimed by extremist groups, deaths ascribable to a lack of adequate infrastructure inspections or to deficiencies in

ce qui s'est passé après les dramatiques événements, à travers les vies et les visages extraordinaires de ceux qui restent, en les rendant protagonistes de la narration.

Chez ces personnes qui offrent à l'appareil photo l'intimité de leurs espaces et accèdent aux demandes du photographe, il existe les traces d'un passé qui n'est pas si lointain, marqué par une douleur indicible, mais il existe aussi les signes d'un temps présent caractérisé par des actions continues visant à atteindre la vérité.

Les héritages cachés deviennent visibles, ils sortent de l'ombre pour se transformer en chair vivante et, à travers ces visages d'abord témoins puis sujets actifs, le photographe nous restitue la possibilité d'entrer en contact avec une histoire contemporaine qui nous appartient.

Une nouvelle dialectique s'installe alors entre d'une part les histoires transmises à travers le vécu des différentes personnes photographiées et, de l'autre, l'identité collective représentée par le spectateur, qui aborde ces photographies en repensant les événements et leurs conséquences comme un fait actuel et personnel, dont les retombées spécifiques ne concernent pas seulement les individus impliqués dans le drame, mais toute la société.

Ce sont des images liées à des événements tragiques et à des mystères, dont le matériel iconographique réalisé au fil du temps a largement été diffusé. Nous ne nous trouvons pas face à la scène du crime ou à des images de faits divers, mais nous y sommes renvoyés à travers le récit de tout ce qui n'a jamais été révélé et qui est resté hors-champ au moment des faits, et ce avec la même force impétueuse que celle des photographies déjà véhiculées, dont il est difficile de ne pas se souvenir.
Il suffit de penser au vaste travail réalisé par certains photographes, comme Letizia Battaglia et Franco Zecchin, pour ne citer qu'eux, au matériel conservé dans les archives de presse existantes et devenu aujourd'hui accessible en ligne, ou encore à la documentation partagée par les diverses associations présentes un peu partout en

the adoption of specific health procedures, mysteries linked to financial speculation or cyber espionage. These are the events that entered the lives of the people photographed here, forever changing them.

We find the lives of those left behind, the inadvertent bequests related in the testimonies gathered by the author, which go beyond the timeliness and proximity linked to the instant narration of the displays of concurrent events... beyond the sudden reactions of pain that can result from the loss of a loved one. Transformed lives spent in search of a single truth which, just like in photography, never coincides completely with reality, a truth that "lets something get away, missing its mark, albeit slightly".[2]

Indeed, all the events related feature a dichotomous short circuit that often sees a contrast between historical and juridical truth-reality.

The huge amount of court case documents and records, which the author and myself had access to, as well as the individual encounters that took place before, during and after the portrait sessions, no doubt showcase the contradictions of a system that has difficulty restoring a balance and consistency between experienced history and the awaiting of justice. And this work showcases, with even more clarity, how the actions of the individual people photographed contribute to the pursuit of a harmonious aim that sees the two poles reunite in a virtuous connection, as well as mapping out a direction allowing historical truth and juridical truth to finally coincide.

These lives resurface from anonymity as images of mainly unknown faces, now permanently visible and fixed on the small-format photographic film, which

2 M. Gayford, *A Bigger Message: Conversations with David Hockney*, Thames & Hudson Ltd, London 2011. Edition consulted by the author *A Bigger Message: Conversazioni con David Hockney*, Einaudi, Turin 2012, p. 47.

Italie, fondées pour commémorer les victimes et soutenir les batailles visant à obtenir justice. Des crimes et des massacres perpétrés par des organisations criminelles comme la mafia ou des attentats revendiqués par des groupes extrémistes, des décès dus au manque de contrôles adéquats dans les infrastructures ou à la non-adoption de certaines procédures sanitaires, des mystères liés aux spéculations financières ou à l'espionnage informatique. Tels sont les événements qui s'engouffrent dans les existences de ces personnages, en modifiant irréversiblement leur cours.

Il y a les vies de ceux qui restent, les legs involontaires révélés par les témoignages recueillis par l'auteur qui vont au-delà du caractère immédiat et proche de la narration instantanée des manifestations d'événements concomitants, au-delà des réactions soudaines de la douleur découlant de la perte d'un être cher.

Des existences transformées et dédiées à la recherche d'une unique vérité qui, exactement comme la photographie, ne correspond jamais parfaitement à la réalité, qui « laisse quelque chose lui échapper, manquant, même de peu, la cible »[2].

Chaque histoire racontée est en effet caractérisée par un court-circuit dichotomique, dans lequel s'opposent souvent la réalité-vérité historique et la réalité-vérité juridique.

Les pièces de procédure et la documentation que le photographe et l'auteur de ces lignes ont eu la possibilité de consulter, les rencontres individuelles qui ont eu lieu avant, pendant et après les sessions de portrait, permettent bien sûr de percer à jour les contradictions d'un système qui peine à rétablir un équilibre et une cohérence entre l'histoire vécue et la justice attendue. Mais cet ouvrage souligne

2 Martin Gayford, *A Bigger Message: Conversation with David Hockney*, Thames & Hudson, Londres 2011. Édition consultée per l'auteur *A Bigger Message: Conversazioni con David Hockney*, Einaudi, Turin 2012, p. 47.

has changed from a minimal object into a medium pregnant with meaning, wherein the absences of the people who are no longer with us and the presences of those left behind coexist.

Alberto Gandolfo's photographs cannot be read as reproductions of shadows or ghosts, who would be tasked with replacing real subjects so as to give presence to the representations of absence, albeit in other shapes and in alternate guises. Almost as if he wished to crystallise fragments of remote existences.

Differently, they are avowed informal and spontaneous portraits, images based on the incessant act of remembering, that appear new and alive, visual forms of resilience, in support of past memories and present and future actions, ambivalent in meaning. Thus individual memory, which each of the subjects involved retains and stands for, becomes general. In these faces, we finally recognise the real existences of the people who spearheaded fights that are still ongoing, and we take on the responsibility of stories and evolutions belonging to our contemporaneity which, thanks to the photographic work presented in the following pages, do not run the risk of sinking into oblivion.

davantage encore à quel point les actions des personnes prises en photo contribuent à la réalisation d'un objectif harmonieux : permettre à ces deux pôles de fusionner dans une relation vertueuse et ouvrir une voie, afin que la vérité historique corresponde enfin à la vérité juridique.

Ces vies quittent l'anonymat comme des images de visages pour la plupart inconnus, à présent définitivement visibles et imprimés sur une pellicule photographique de petit format qui, de simple objet se transforme en vecteur chargé de sens, dans lequel cohabitent l'absence de ceux qui ne sont plus là et la présence de ceux qui sont restés.

Les photographies d'Alberto Gandolfo ne doivent pas être interprétées comme les reproductions d'ombres ou de fantômes, dont le rôle serait de remplacer les sujets réels pour rendre présentes, sous d'autres formes et d'autres apparences, les représentations de l'absence... Comme si l'intention était de cristalliser des fragments d'existences lointaines.

Il s'agit au contraire de portraits informels et instinctifs, d'images basées sur l'acte constant du souvenir, qui apparaissent ici neuves et vivantes, de formes visuelles de résilience, dont le rôle est de soutenir les mémoires passées, les actions présentes et futures, dont la signification est ambivalente : la mémoire individuelle, que chacun des sujets impliqués conserve et représente, devient collective. Nous retrouvons finalement dans ces visages les existences réelles de ceux qui se sont lancés dans des combats encore engagés et nous faisons nôtres ces histoires et leurs évolutions qui appartiennent à notre contemporanéité et qui, grâce aux photographies de cet ouvrage, ne tomberont pas dans l'oubli.

LE EREDITÀ NON PIÙ NASCOSTE

di Giovanna Calvenzi

Non siamo qui a parlare di fotografia. Avremmo dovuto farlo, questo sarebbe il nostro ruolo. Ma questo progetto di Alberto Gandolfo travalica le sue e le nostre intenzioni e per una volta finalità e risultati diventano qualcosa di diverso anche se di inscindibile.
Alberto Gandolfo è un fotografo colto e impegnato e, tuttavia, per questa sua lunga, sofferta, storia-testimonianza ha apparentemente abdicato a ogni intenzione estetica e ha voluto sperimentare una strada nuova e inusuale, mettendo seriamente in discussione il ruolo stesso del fotografo e della fotografia. Con ogni probabilità non lo ha fatto in modo scientifico né aprioristico, ma il suo itinerario lo ha portato in direzioni che lui stesso forse non prevedeva.

Il suo intento iniziale era di riportare alla luce reperti, ricordi, "quello che resta" – come vuole il titolo di questo libro – a lato e dopo eventi drammatici che hanno sconvolto il nostro paese. La sua indagine inizia con la strage di piazza Fontana, a Milano, nel 1969, dove hanno perso la vita 17 persone e alla quale alcuni giorni dopo, il 15 dicembre, si affianca anche la morte misteriosa di Giuseppe Pinelli, e si conclude con il disastro ferroviario di Corato, in Puglia, del 2016. L'elenco delle persone che ha voluto incontrare è lungo e preciso e intreccia fatti, vite, volti, ricordi, emozioni, pezzi di storia e ventisette storie di morti, di inquinamento, di mafia, di incuria, di leggi attese e disattese, di processi e controprocessi, depistaggi e archiviazioni che costruiscono un mosaico di delitti inspiegabili e spiegabili, di suicidi o presunti tali, di morti accidentali, di battaglie legali, di testimonianze di resistenza civile. "Volevo partecipare alla conservazione della memoria", dichiara. Memoria degli eventi ma anche e soprattutto delle ripercussioni che gli eventi hanno avuto nella vita di chi si è trovato ad assistere e che ha dovuto continuare a vivere e lottare perché si facesse chiarezza.

Il suo progetto è ampio e profondo, lo ha costretto a studiare, a immergersi in mondi che non conosceva, mondi di sofferenza e spesso di diffidenza. Poi, nel gennaio 2017, Gandolfo inizia il suo viaggio nella storia e nelle vite altrui. Con grande scrupolo e sensibilità organizza gli incontri, con rispetto per chi è scomparso e per chi è sopravvissuto e convive con memorie dolorose. Ha scelto di utilizzare una tecnica fotografica quasi obsoleta, la fotografia istantanea, che consente una visione comune e immediata dei risultati. Ha deciso di lavorare in bianco e nero e di affidarsi alle

emozioni piuttosto che a una trascrizione classica o documentaria. “Quando le persone ritratte avevano in mano la fotografia si creava una sorta di comunicazione empatica, era un momento di forte condivisione”, ricorda.
La fotografia diventa per lui quasi un pretesto, uno strumento per aprire porte e cuori. Ma anche per riportare alla luce episodi di un recente passato, per dare forma alle emozioni di chi fotografa e di chi viene fotografato. Dichiara ancora: “Conosciamo le storie di cronaca, ricordiamo com’erano i volti delle persone tragicamente scomparse, ma poco o nulla sappiamo di chi resta, di quelle persone che, oltre a vivere un grande dolore per la perdita di un proprio caro, hanno ereditato battaglie da portare avanti alla ricerca della verità e della giustizia. Una giustizia che non riguarda solo le loro vicende personali, ma che investe tutta la collettività”.

Lentamente il libro prende forma. Le interviste si sommano, le immagini si accumulano, alcune domande senza risposta trovano una risposta. Se il suo progetto iniziale avrebbe dovuto, come lui stesso aveva precisato, “rendere visibili i volti di chi resta”, offrire una fisionomia pubblica a chi da poco a da molto tempo si batte per ottenere una necessaria verità, ben presto prende una diversa direzione e va molto più lontano. Non si tratta solo di un’indagine realizzata grazie alla fotografia, ma di una civile ed etica presa di posizione nei confronti di episodi della nostra storia, di un contributo importante nella direzione di tenere viva e alta l’attenzione su eventi che ancora non trovano pace.
Ed è una presa di posizione che cambia in maniera inevitabile il registro della storia, che parte dalla cronaca, ma che entra poi in una dimensione più intima, privata, nei sentimenti e nelle emozioni di chi resta. *Quello che resta* sono il racconto e i volti straordinari di chi la Storia non l’ha fatta ma l’ha subita, che magari avrebbe voluto dimenticare ma che civilmente continua a ricordare.
E avremmo dovuto e voluto parlare di fotografia, di questo utilizzo tecnicamente impeccabile della grammatica narrativa che Gandolfo ha scelto di usare, di questi suoi ritratti più attenti alle emozioni che alle fisionomie, ma il risultato che Gandolfo ha ottenuto travalica le nostre intenzioni e parlare “solo” di fotografia sarebbe stato davvero riduttivo.

LEGACIES NO LONGER HIDDEN

by Giovanna Calvenzi

We're not here to speak about photography. We should have done so; that is our role, after all. But this project of Alberto Gandolfo's exceeds his own and our intentions. And for once, purposes and results turn into something different – albeit inseparable.

Alberto Gandolfo is an educated, committed photographer and yet, for this lengthy, deeply-felt testimony-history of his, he has apparently forsworn any aesthetic aim so as to attempt a new and unusual route, seriously questioning the very role of photographers and of photography itself. In all likelihood, he didn't do so scientifically or in an *a priori* fashion; rather, his itinerary led him in directions that he himself didn't, perhaps, foresee.

His initial goal was to bring back to light evidence, memories, "what remanis" – as wished for by the title of this book – beside and after dramatic events that shook our country. Beginning with the Piazza Fontana bombing (Milan, 1969), where 17 people lost their lives and which was followed, a few days later on 15th December, by the mysterious death of Giuseppe Pinelli, Gandolfo's investigation ends with the 2016 railway disaster that occurred in Corato (Puglia).

The list of people he wished to meet is long and detailed, interweaving facts, lives, faces, memories, emotions, pieces of history and twenty-seven stories of death, pollution, Mafia, negligence, long-awaited and disregarded laws, lawsuits and counterclaims, red herrings and dismissals that make up a mosaic of crimes at once inexplicable and explainable, of suicides (real or presumed) and accidental deaths, of legal battles and testimonies of civil resistance. "I wanted to share in the preservation of memory," he claims. Memory of events, but also – and especially – of their repercussions on the life of the people who found themselves witnessing them, and who had to keep living and fighting for light to be shed.

Vast and deep, Gandolfo's project has forced him to study, to dive into worlds previously unknown to him: worlds of suffering and, often, of mistrust. Then, in

LES HÉRITAGES DÉVOILÉS

par Giovanna Calvenzi

Nous ne parlerons pas de photographie. Nous devrions le faire, ce serait notre rôle. Mais le projet d'Alberto Gandolfo dépasse ses propres intentions et les nôtres, et, pour une fois, la finalité et les résultats se distinguent, tout en étant indissociables.

Alberto Gandolfo est un photographe cultivé et engagé. Et pourtant, pour cette longue et difficile histoire-témoignage, il semble qu'il ait renoncé à toute ambition esthétique en empruntant une voie nouvelle et inhabituelle, qui remet sérieusement en question le rôle du photographe et de la photographie. Il ne s'agit probablement pas d'un choix scientifique ou apriorique, mais d'un cheminement qui l'a conduit dans des directions qu'il n'avait pas envisagées.

Son intention initiale était de remettre en lumière des preuves, des souvenirs, « ce qui reste », comme l'annonce le titre de cet ouvrage, en marge et après certains événements dramatiques qui ont bouleversé l'Italie. Son enquête démarre par l'attentat de piazza Fontana, à Milan, commis en 1969, qui entraîne la mort de 17 personnes et, quelques jours plus tard, le 15 décembre, le décès mystérieux de Giuseppe Pinelli, et se conclut avec le désastre ferroviaire de Corato, dans les Pouilles, survenu en 2016.

La liste des personnes qu'il a voulu rencontrer est longue et précise, et entremêle des faits, des vies, des visages, des souvenirs, des émotions, des fragments d'histoire et vingt-sept récits de morts, de pollution, de mafia, de négligence, de lois attendues et ignorées, de procès et contre-procès, de fausses pistes et d'affaires classées composant une mosaïque de délits inexplicables et explicables, de suicides avérés ou supposés, de morts accidentelles, de batailles juridiques, de témoignages de résistance civile. « Je voulais participer à la conservation de la mémoire », déclare Alberto Gandolfo. La mémoire des événements, mais aussi et surtout des répercussions que ces événements ont eues dans la vie de ceux qui y ont assisté et qui ont dû continuer à vivre et à lutter pour que lumière soit faite.

January 2017, he embarked on his journey into history and into the lives of others. He organised his encounters with great care and sensibility, respecting both the people who have left us and those who remain, forced to live with painful memories. He decided to use instant photography, an all-but obsolete photography technique that allows us to view the results together and instantly. He decided to work in black and white and to rely on emotions rather than on a classic or documentary transcription. "A sort of empathetic communication sprang up when the people I photographed held the picture in their hand, it was a moment of intense sharing," he recalls.

For him, photography almost becomes an excuse, a means to open doors and hearts. But also to bring back to light episodes of a recent past, and to give shape to the emotions of the people being photographed as well as of the photographer himself. He adds: "We're familiar with the news, we remember the faces of the people who lost their lives so tragically. But we know little or nothing of those left behind – the people who, in addition to experiencing the immense pain at the loss of a loved one, have inherited fights to spearhead in search of truth and justice. Justice that not only concerns their personal lives; it also invests humanity as a whole".

The book takes shape gradually. The interviews build up, as do the images; some unanswered questions get an answer. While Gandolfo initially meant his project to "grant visibility to the faces of the people left behind" (in his own words), to offer a public physiognomy to those who have been fighting – for a short or long time – for a necessary truth, it soon changed direction, going much further. Far from being just an investigation carried out by means of photography, it is a civil and ethical stance against episodes in Italian history, as well as an important contribution towards keeping attention focused on events that still haven't found peace.

A stance that inevitably changes the register of history, starting off from news events to enter a more intimate, private dimension, in the feelings and emotions

Son projet, vaste et profond, l'a contraint à faire des recherches, à plonger dans un monde inconnu, un monde de souffrance et souvent de méfiance. Puis, en janvier 2017, Alberto Gandolfo commence son voyage dans l'histoire et la vie des autres. Avec un soin scrupuleux et une grande sensibilité, il organise les rencontres dans le respect de ceux qui ont disparu, mais aussi de ceux qui ont survécu et cohabitent avec des souvenirs douloureux. Il a choisi d'utiliser une technique de photographie presque obsolète, la photographie instantanée, qui offre une vision commune et immédiate des résultats. Il a décidé de travailler en noir et blanc et de se fier aux émotions plutôt qu'à une transcription classique ou documentaire. « Lorsque les personnes photographiées tenaient entre leurs mains le portrait, une sorte de communication empathique se créait, c'était un moment de partage très fort », se souvient-il.

La photographie devient alors pour lui presque un prétexte, un instrument pour ouvrir les portes et les cœurs. Mais aussi pour remettre en lumière des épisodes d'un passé récent, pour donner forme aux émotions de la personne qui photographie et de celle qui est photographiée. Il déclare encore : « Nous connaissons ces faits divers, nous nous souvenons des visages des personnes qui ont tragiquement disparu, mais nous ne savons presque rien de ceux qui restent, de ces personnes qui, outre le fait d'endurer l'immense douleur causée par la perte d'un être cher, se retrouvent à combattre pour rétablir la vérité et obtenir justice.

Une justice qui va bien au-delà de ces histoires personnelles en se répercutant sur toute la collectivité ».

Lentement, le livre prend forme. Les interviews s'additionnent, les images s'accumulent, certaines questions sans réponses trouvent un dénouement. Si son projet initial devait, comme il l'avait affirmé, « rendre visibles les visages de ceux qui restent », offrir une physionomie publique à ceux qui se battent depuis plus ou moins

of the people left behind. *What Remains* are the stories and extraordinary faces of the people who didn't make history but suffered it. Who may have wished to forget, but instead continue – civilly – to remember.

And we should have spoken and wished to speak of photography, of this technically-impeccable use of narrative grammar that Gandolfo has chosen to employ, of these portraits of his, more attuned to emotions than to their features. But the result achieved by Gandolfo exceeds our intentions, and speaking "only" about photography would make the conversation too limited.

longtemps pour obtenir une vérité nécessaire, il prend rapidement une direction différente pour aller bien plus loin. Il ne s'agit pas seulement d'une enquête réalisée grâce à la photographie, mais d'une prise de position civique et éthique envers des épisodes de l'histoire italienne, d'une contribution importante à la volonté de raviver l'attention sur des événements qui n'ont pas encore trouvé la paix.

Et cette prise de position modifie inévitablement le registre de l'histoire, qui part du fait divers pour pénétrer ensuite dans une dimension plus intime, privée, dans les sentiments et les émotions de ceux qui restent. « Ce qui reste », ce sont les récits et les visages extraordinaires de ceux qui n'ont pas fait l'histoire, mais qui l'ont subie, ceux qui auraient peut-être voulu oublier, mais qui entretiennent avec respect le souvenir.

Et nous aurions dû et voulu parler de photographie, de cette utilisation techniquement impeccable de la grammaire narrative qu'Alberto Gandolfo a choisi d'employer, de ses portraits plus attentifs aux émotions qu'aux physionomies, mais le résultat obtenu dépasse nos intentions et parler « seulement » de photographie aurait été bien trop réducteur.

LE STORIE / STORIES / HISTOIRES

#1 GIOVANNI IMPASTATO, LUISA IMPASTATO

#2 BEPPINO ENGLARO

#3 MINA WELBY

#4 GRAZIELLA PROTO

#5 LICIA ROGNINI, CLAUDIA PINELLI, SILVIA PINELLI

#6 MICHELA BUSCEMI

#7 ORNELLA GEMINI, NATHAN APRILE GATTI

#8 SALVATORE BORSELLINO

#9 ADELE CHIELLO TUSA

#10 MARIO CIANCARELLA, BARBARA DETTORI

#11 MARGHERITA ASTA

#12 GIOACCHINO MANCA, ANGELA GENTILE

#13 PIETRO CAMPAGNA

#14 DANIELA CASTELLANO

#15 SABRINA CORISI

#16 ANDREA RINALDELLI

#17 MARISA TORALDO, PIETRO NASTA, FEDERICA NASTA

#18 CARLO ARNOLDI, PAOLO DENDENA, PAOLO SILVA

#19 LYDIA BUTICCHI

#20 ADELE FOLCIA, DANIELA ROSSI, CARLO ROSSI

#21 MARCO PIAGENTINI

#22 ANTONELLA TOGNAZZI, CAROLINA ORLANDI

#23 CETTINA MERLINO, GILDA PARMALIANA

#24 AUGUSTA SCHIERA, VINCENZO AGOSTINO

#25 MARISA FIORANI

#26 PAOLA PERRONE

#27 ILARIA CUCCHI

Gennaio 2017

GIOVANNI IMPASTATO
LUISA IMPASTATO

Giovanni e Luisa sono rispettivamente fratello e nipote di Peppino Impastato. La sua è una storia di ribellione al regime omertoso della mafia, cui il padre fu affiliato.

Allontanato da casa per i forti contrasti con il genitore, inizia una lotta dichiarata nei confronti delle attività illecite di stampo mafioso, divenendo una figura di riferimento per il suo impegno civile nel perseguimento della legalità e dei principi di giustizia.

Nel 1977 fonda Radio Aut, emittente di informazione libera e autofinanziata con cui denuncia i traffici dei mafiosi di Cinisi e Terrasini. Con la trasmissione di punta "Onda pazza" sbeffeggia il capomafia Gaetano Badalamenti che, nel 1997, verrà incriminato come mandante dell'omicidio di Peppino, il cui corpo dilaniato viene ritrovato la notte tra l'8 e il 9 maggio del 1978 sui binari della ferrovia Trapani-Palermo per simulare un suicidio.

Grazie alla tenacia della madre Felicia e di Giovanni, nel 1984 viene riconosciuta la matrice mafiosa dell'omicidio e, nonostante l'archiviazione del caso nel 1992 (l'anno del doppio attentato a Falcone e Borsellino), nel 1994 il Centro Siciliano di Documentazione "Giuseppe Impastato" di Palermo presenta la richiesta di riapertura del caso, accompagnata da una petizione popolare, chiedendo un'interrogazione al nuovo collaboratore di giustizia Salvatore Palazzolo, affiliato alla cosca mafiosa di Cinisi.

L'11 aprile 2002 Gaetano Badalamenti è riconosciuto colpevole dell'omicidio e condannato all'ergastolo.

La vita di Peppino Impastato viene ripercorsa nel film di Marco Tullio Giordana *I cento passi*, vincitore di numerosi riconoscimenti.

January 2017

GIOVANNI IMPASTATO
LUISA IMPASTATO

Giovanni and Luisa are Peppino Impastato's brother and niece, respectively. Peppino Impastato's is a tale of rebellion against the Mafia – of which his father was a member – and its code of silence.

Banished from home due to conflict with his father, he initiated an open fight against illegal Mafia-style activities, becoming a point of reference for his civil commitment to the pursuit of legality and the principles of justice.

In 1977, he started Radio Aut, a self-financed, free information broadcasting station which he used to expose the Mafia dealings in Cinisi and Terrasini. In his popular radio show "Onda pazza" ("Crazy Wave"), he mocked *capomafia* Gaetano Badalamenti on a daily basis. In 1997, the latter would be charged with instigating the murder of Peppino, whose mangled body was found on the night of 8th–9th May, 1978, on the Trapani-Palermo railway lines – thus simulating suicide.

His mother Felicia and Giovanni's perseverance led to the identification, in 1984, of the Mafia's responsibility in the murder. And although the case was dismissed in 1992 (the year of the double assassination of Falcone and Borsellino), in 1994 the Sicilian Centre of Documentation in Palermo "Giuseppe Impastato" presented a request, accompanied by a popular petition, for the investigation to be reopened, calling for Salvatore Palazzolo – a former member of the Cinisi Mafia clan turned state witness – to be interrogated.

On 11th April 2002, Gaetano Badalamenti was declared guilty of Peppino Impastato's murder and sentenced to life in prison.

Peppino Impastato's life is recalled in Marco Tullio Giordana's film *I cento passi* ("The Hundred Steps"), which won several awards.

Janvier 2017

GIOVANNI IMPASTATO
LUISA IMPASTATO

Giovanni et Luisa sont le frère et la nièce de Peppino Impastato. L'histoire de Peppino Impastato est l'histoire d'une rébellion au régime de l'omertà et à la mafia, à laquelle son père était lié.

Éloigné du foyer en raison des différends avec son père, il déclare ouvertement la guerre aux activités illicites de type mafieux et devient une figure de référence pour son engagement dans la défense de la légalité et des principes de justice.

En 1977, il fonde « Radio Aut », une radio indépendante et autofinancée à travers laquelle il dénonce les trafics des mafieux de Cinisi et Terrasini. Dans son programme phare, « Onda pazza », il tourne en dérision le chef mafieux Gaetano Badalamenti. En 1997, ce dernier est inculpé pour avoir commandité le meurtre de Peppino, maquillé en suicide : son corps déchiqueté est retrouvé dans la nuit du 8 au 9 mai 1978, sur la voie ferrée Trapani-Palerme.

En 1984, grâce à la ténacité de Felicia, sa mère, et de Giovanni, l'origine mafieuse de l'homicide est reconnue et, malgré le classement de l'affaire en 1992 (l'année du double attentat contre Giovanni Falcone et Paolo Borsellino), en 1994, le Centro Siciliano di Documentazione « Giuseppe Impastato » de Palerme présente une demande de réouverture de l'enquête, accompagnée d'une pétition populaire, en demandant que soit interrogé le repenti Salvatore Palazzolo, du clan mafieux de Cinisi.

Le 11 avril 2002, Gaetano Badalamenti est reconnu coupable de l'homicide et condamné à perpétuité.

La vie de Peppino Impastato est retracée dans le film de Marco Tullio Giordana *Les cent pas*, qui a obtenu de nombreux prix.

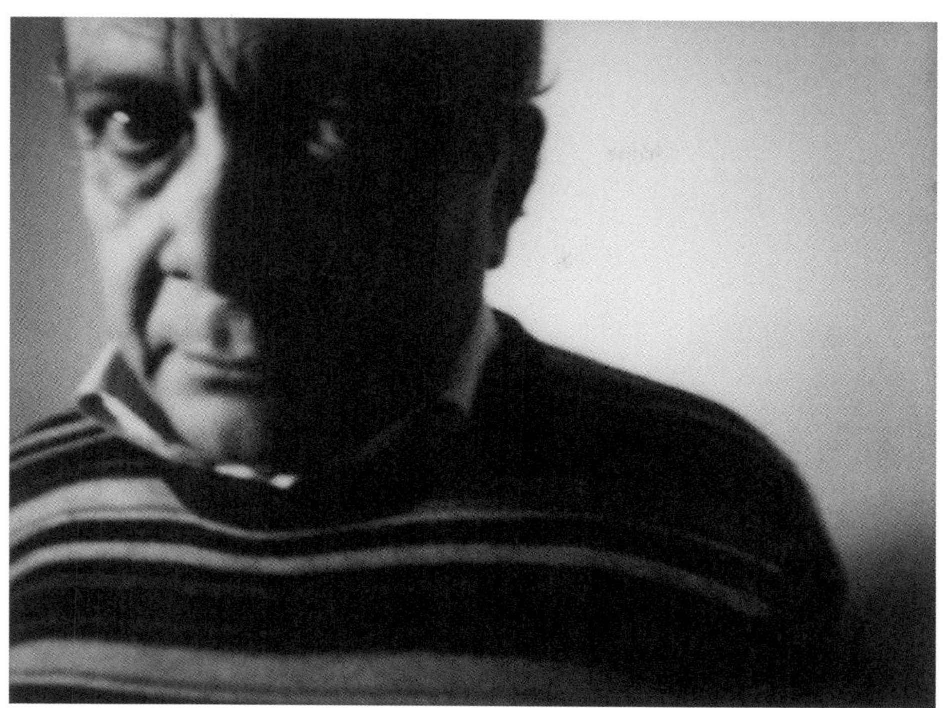

#1.1

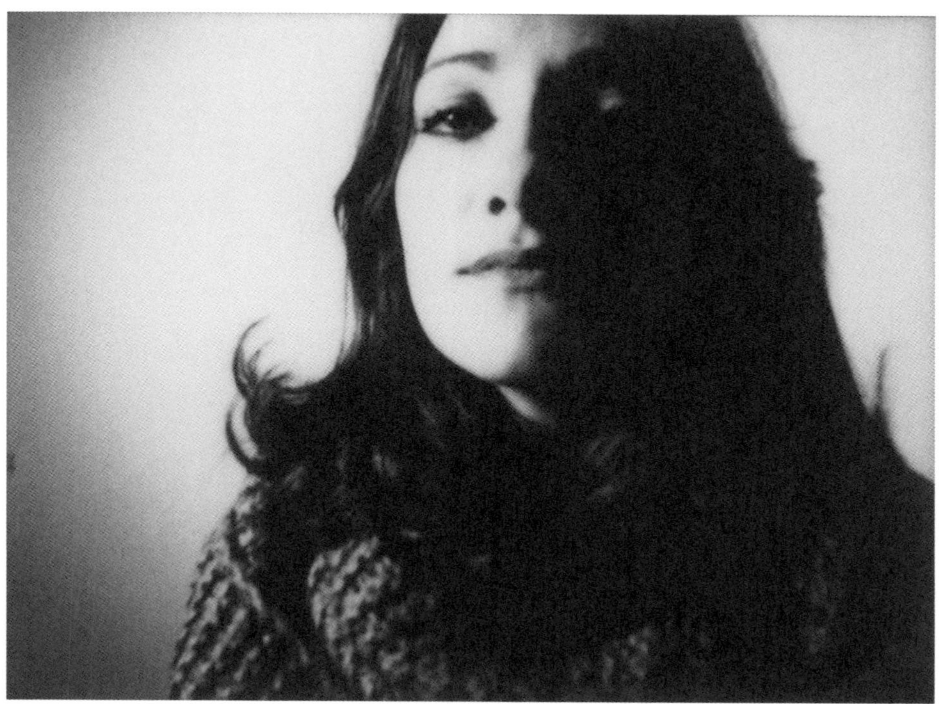

#1.2

Eluana Englaro | Lecco, 25/11/1970 | Udine, 9/02/2009

Febbraio 2017

BEPPINO ENGLARO

Beppino è il padre di Eluana Englaro, rimasta vittima di un incidente stradale a ventuno anni. Dopo il coma riporta lesioni cerebrali irreversibili, che la costringono a uno stato vegetativo permanente per diciassette anni.

La famiglia di Eluana inizia una lunga battaglia legale contro l'accanimento terapeutico, inteso come ostinazione alle cure e all'alimentazione forzate, che non sono destinate a un miglioramento della condizione clinica. Viene avanzata una domanda di morte naturale tramite procedura assistita. Una lotta per la "cultura della libertà", come ha dichiarato Beppino, intendendo la libertà di terapia e di cure, seguendo quelle volontà espresse da Eluana che, prima dell'incidente, aveva condiviso il proprio pensiero relativamente alla condizione di un amico in stato di rianimazione a oltranza, definendola "una vita priva di valore, senza senso e senza dignità".

Dopo un lungo iter giudiziario, che ha visto pronunciarsi anche la Corte di Cassazione, con decreto del 9 luglio 2008, la Corte d'Appello di Milano autorizza Beppino Englaro a interrompere il trattamento di idratazione e nutrizione forzata che trattiene in vita sua figlia. Tramite circolare del settembre dello stesso anno il direttore della sanità lombarda proibisce ai medici degli ospedali della Lombardia di eseguire la sentenza. Il 3 febbraio Eluana viene trasferita da Lecco presso una clinica di Udine, dove muore il 9 febbraio 2009, tramite procedura assistita.

A luglio del 2018, la Corte d'Appello di Milano obbliga la Regione Lombardia a risarcire Beppino Englaro, per aver impedito l'esecuzione del decreto del 2008, con cui autorizzava il distacco del sondino.

February 2017

BEPPINO ENGLARO

Beppino is the father of Eluana Englaro who, following a car accident at the age of twenty-one, entered a coma which caused irreversible brain damage, leaving her in a persistent vegetative state for seventeen years.

Eluana's family began a legal battle against futile medical care, understood as refusal of forced treatment and feeding not aimed at an improvement of the patient's clinical condition. A request was put forward for assisted natural death. A fight for the "culture of freedom", in the words of Beppino, referring to the freedom of therapy and treatment, according to Eluana's own wishes. Shortly before the accident, Eluana had shared her views on a friend on permanent life support, describing his condition as "a meaningless life, with no value or dignity".

Following a years-long legal process, which included a ruling by the Supreme Court of Cassation, with a decree of 9th July 2008, the Court of Appeal of Milan granted Beppino Englaro the right to suspend the medically-assisted hydration and feeding that was keeping his daughter alive. That September, the Lombard Director of Health issued a circular prohibiting doctors in Lombard hospitals from carrying out the ruling. On 3rd February, Eluana was transferred from Lecco to a clinic in Udine, where she died on 9th February 2009 via assisted process.

In July 2018, the Court of Appeal of Milan compelled the Region of Lombardy to compensate Beppino Englaro for having prevented the carrying out of the 2008 decree, which authorised the removal of his daughter's feeding tube.

Février 2017

BEPPINO ENGLARO

Beppino est le père d'Eluana Englaro, victime d'un accident de la route à vingt et un ans. À sa sortie du coma, elle présente des lésions cérébrales irréversibles qui la laissent dans un état végétatif permanent pendant dix-sept ans.

La famille d'Eluana entreprend une longue bataille juridique contre l'acharnement thérapeutique, considéré comme une obstination déraisonnable à poursuivre les soins et l'alimentation forcées, sans aucun espoir d'amélioration de l'état clinique de la jeune femme. Une demande de mort naturelle, sous contrôle médical, est présentée. Beppino se lance dans un combat pour ce qu'il définit la « culture de la liberté », plus précisément la liberté de choix thérapeutique. Il respecte ainsi la volonté d'Eluana qui, avant son accident, s'était exprimée à cet égard en qualifiant de « vie privée de valeur, de sens et de dignité » les conditions d'un ami en état de réanimation à outrance.

Après une longue procédure judiciaire et le décret du 9 juillet 2008 de la Cour de cassation, la Cour d'appel de Milan autorise Beppino Englaro à suspendre le traitement d'hydratation et de nutrition artificielles qui maintient sa fille en vie. En septembre de la même année, par le biais d'une circulaire, le directeur de la Santé lombarde interdit au personnel des hôpitaux de Lombardie d'exécuter la sentence. Le 3 février, Eluana est transférée depuis Lecco dans une clinique d'Udine, où elle meurt le 9 février, sous contrôle médical.

En juillet 2018, la Cour d'appel de Milan oblige la région Lombardie à indemniser Beppino Englaro pour avoir empêché l'exécution du décret de 2008, par lequel elle autorisait la suspension de l'alimentation d'Eluana.

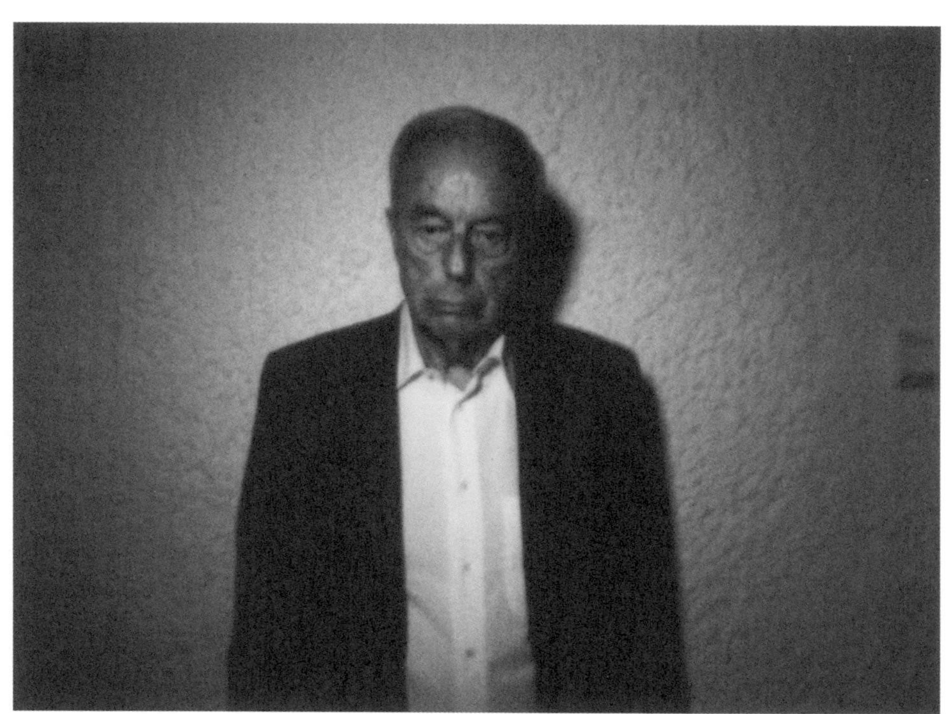

#2.1

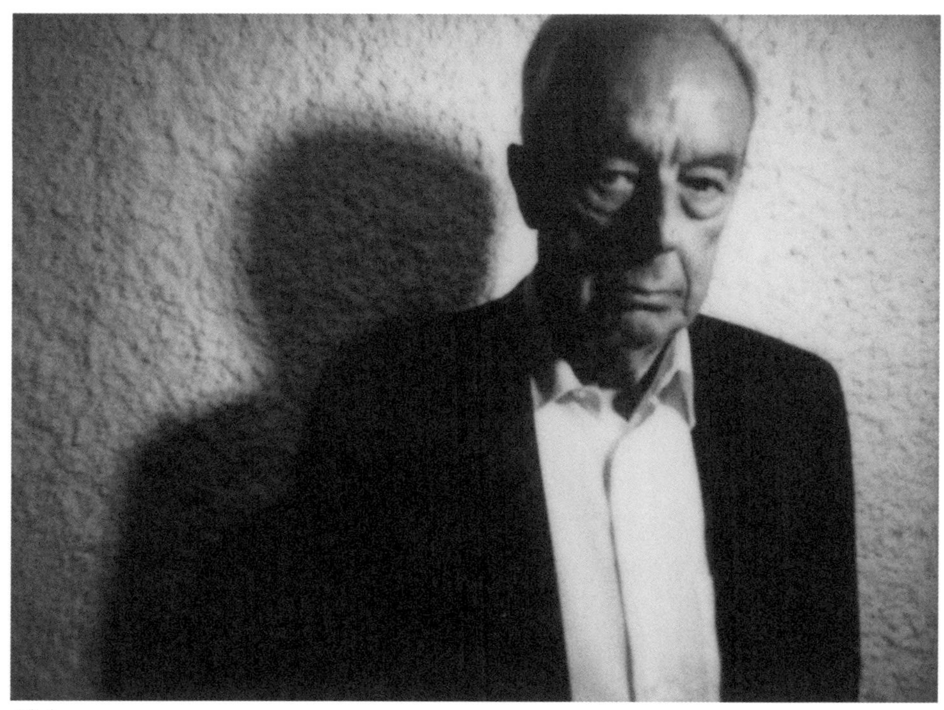

#2.2

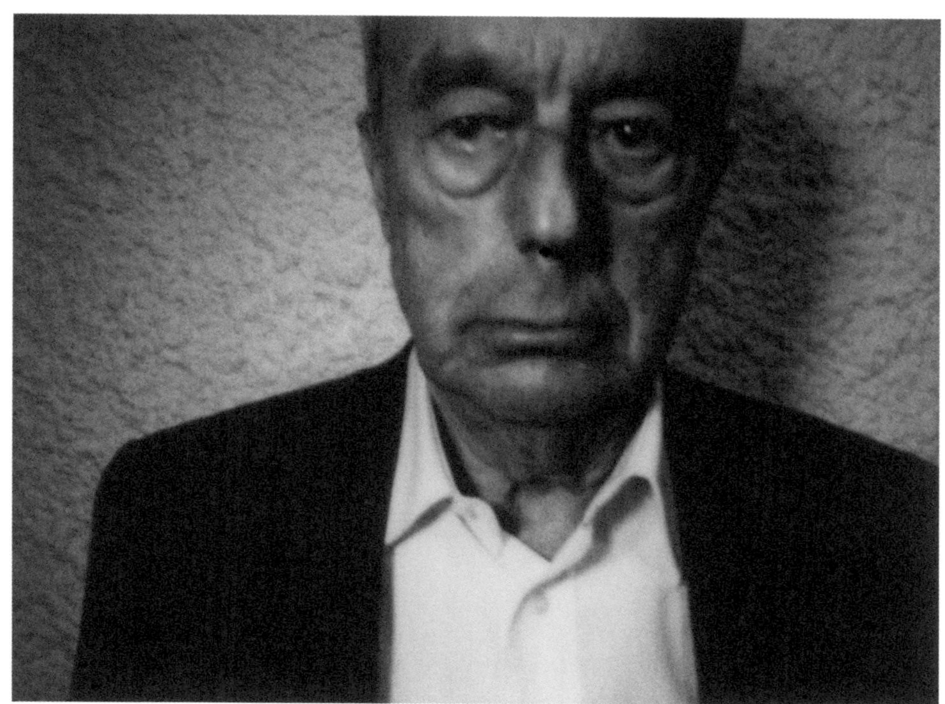

#2.3

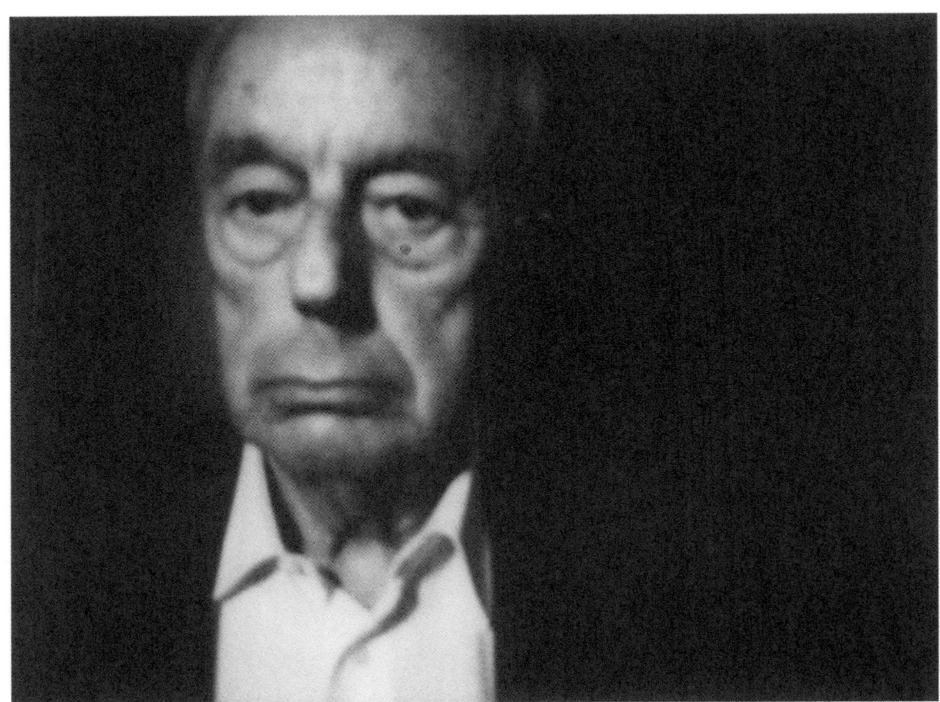
#2.4

Piergiorgio Welby | Roma, 26/12/1945 | Roma, 20/12/2006

Febbraio 2017

MINA WELBY

Mina è la moglie di Piergiorgio Welby, affetto da SLA, Sclerosi laterale amiotrofica. Giornalista, scrittore, militante del Partito Radicale e attivista, è divenuto, con sua moglie, il simbolo del diritto dell'autodeterminazione del malato. Dal 1997 l'esistenza di Piergiorgio è assicurata esclusivamente dal respiratore artificiale. La situazione è irreversibile, per questo chiede il distacco sotto sedazione dal macchinario che lo tiene in vita, rivolgendosi prima al Presidente della Repubblica Giorgio Napolitano, poi alla magistratura che si pronuncia sfavorevole, rilevando l'assenza di una normativa specifica, atta a regolamentare le decisioni di fine vita in un contesto clinico. Nonostante la sentenza, coadiuvato dal medico anestesista Mario Riccio, Welby si spegne a dicembre del 2006.

Si aprono due procedimenti a carico di Riccio, terminati con una sentenza di non luogo a procedere.

La vicenda di Welby ha acceso il dibattito sul tema del riconoscimento legale del diritto al rifiuto dell'accanimento terapeutico e all'eutanasia. Battaglia che Mina, insieme a Beppino Englaro e all'Associazione Luca Coscioni, hanno proseguito e che ha condotto alla disciplina delle DAT – Disposizioni anticipate di trattamento, comunemente definite testamento biologico o biotestamento, oggi regolamentate dalla Legge 219 del 22 dicembre 2017, entrata in vigore nel gennaio del 2018. L'efficacia della norma è vincolata all'esistenza di un'apposita banca dati per le DAT, che a febbraio 2019 risulta non ancora creata.

Grazie a Welby si deve inoltre la legge che consente ai malati impossibilitati di recarsi alle urne di votare.

February 2017

MINA WELBY

Mina is the wife of Piergiorgio Welby, who suffered from ALS, Amyotrophic lateral sclerosis. A journalist, writer and activist in the Italian Radical Party, he and his wife have come to symbolise patients' rights to self-determination. As of 1997, the only thing keeping Piergiorgio alive was an artificial respirator. The irreversibility of his condition led him to request that the life-support system keeping him alive be turned off under sedation. After addressing Italian President Giorgio Napolitano, he turned to the Judiciary, which voted against his request – thus highlighting the absence of specific rules relevant to regulating end-of-life decisions within a clinical framework. Despite this ruling, Welby passed away in December 2006, assisted by anaesthetist Mario Riccio.

Two legal proceedings were brought against Dr Riccio, both resulting in a nonsuit.

The Welby case unleashed a controversy on the topic of the legal recognition of the right to refuse futile medical care and to euthanasia. A battle carried on by Mina, alongside Beppino Englaro and the Associazione Luca Coscioni, which led to the advance healthcare directive commonly known as the living will (*DAT – Disposizioni anticipate di trattamento* in Italian) and regulated, in Italy, by Law 219 of 22 December 2017, which became effective in January 2018. The effectiveness of said law is restricted by the existence of a designated database for the *DAT* which, as of February 2019, has not yet been created.

We also owe the law granting invalids unable to go to the polls the right to vote to Welby.

Février 2017

MINA WELBY

Mina est l'épouse de Piergiorgio Welby, atteint de SLA, sclérose latérale amyotrophique. Journaliste, écrivain, militant du Parti radical et activiste, il est devenu, avec sa femme, le symbole du droit à l'autodétermination du patient. À partir de 1997, Piergiorgio ne respire plus sans le soutien d'un respirateur artificiel. La situation est irréversible, c'est pourquoi il demande le débranchement, sous sédatifs, de l'appareil qui le maintient en vie, en s'adressant d'abord au président de la République Giorgio Napolitano, puis à la magistrature qui rejette sa demande, en soulignant l'absence d'une législation spécifique réglementant les décisions de fin de vie dans un contexte clinique. Malgré cette décision, avec l'aide du médecin anesthésiste Mario Riccio, Welby s'éteint en décembre 2006.

Les deux procédures engagées contre Mario Riccio se concluent par un non-lieu.

L'histoire de Piergiorgio Welby a ravivé le débat sur le thème de la reconnaissance juridique du droit au refus de l'acharnement thérapeutique et à l'euthanasie. Sa femme Mina, soutenue par Beppino Englaro et l'association Luca Coscioni, a poursuivi ce combat qui a abouti à la réglementation des directives anticipées (*DAT – Disposizioni anticipate di trattamento*), communément définies testament biologique ou « biotestament », aujourd'hui réglementées par la loi italienne 219 du 22 décembre 2017, entrée en vigueur en janvier 2018. La mise en œuvre de cette loi repose cependant sur la réalisation d'une banque de données pour les directives anticipées, qui, en février 2019, n'a pas encore été créée.

C'est aussi à Piergiorgio Welby que l'on doit la promulgation de la loi grâce à laquelle les malades dans l'impossibilité de se rendre aux urnes peuvent voter.

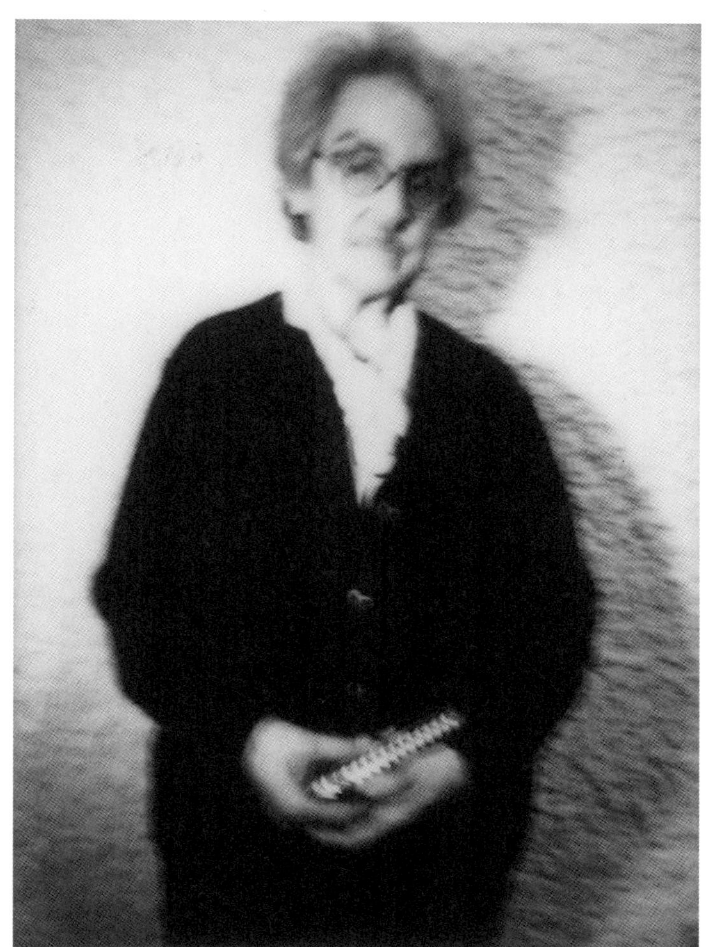

#3.1

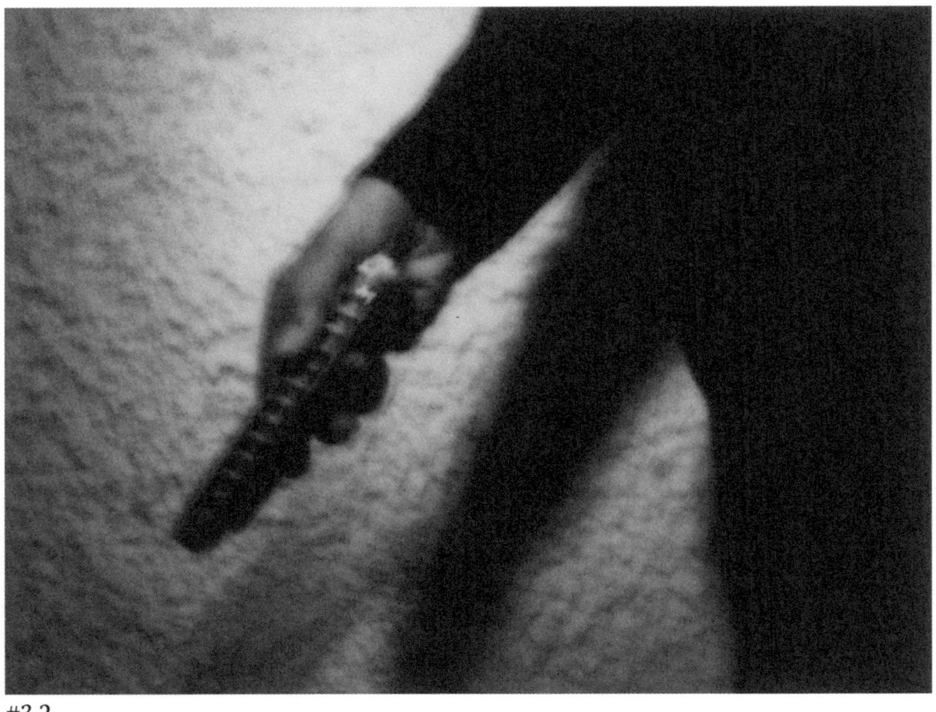

#3.2

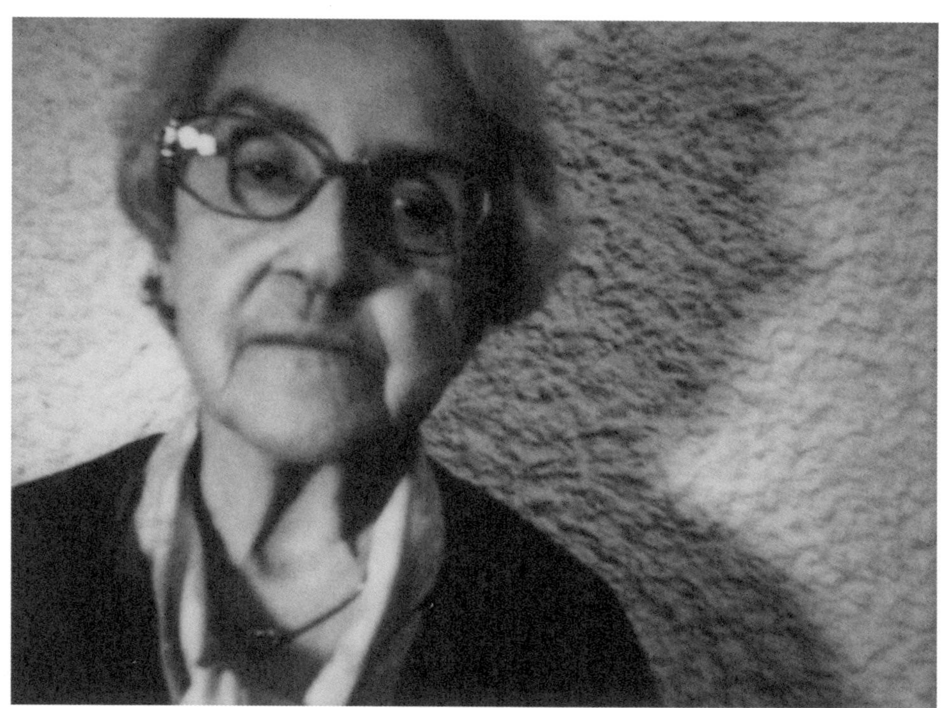

#3.3

Giuseppe (Pippo) Fava | Palazzolo Acreide (Siracusa), 15/09/1925 | Catania, 5/01/1984

Febbraio 2017

GRAZIELLA PROTO

Graziella è una biologa con l'obiettivo di diventare oncologa che, dopo l'incontro con Pippo Fava, dedica la sua attività al giornalismo etico antimafia, di cui egli è stato simbolo. Inizia in qualità di collaboratrice del mensile "I Siciliani" fondato nel 1982 da Fava. Quest'ultimo aveva già all'attivo diverse esperienze presso testate come l'"Espresso Sera", per cui aveva intervistato alcuni boss di Cosa Nostra, il "Giornale del Sud", il "Corriere della Sera" e la trasmissione radiofonica "Voi e io"; a ciò si aggiungevano i libri, tra i quali *Gente di rispetto*, e la sceneggiatura del film di Werner Schroeter *Palermo oder Wolfsburg*, che nel 1980 conquista l'Orso d'oro al Festival di Berlino.

Il primo articolo, apparso sulla sua rivista, si intitola *I quattro cavalieri dell'apocalisse* ed è una circostanziata denuncia a quattro imprenditori, cavalieri del lavoro, che avrebbero avuto legami diretti con il boss Nitto Santapaola.

Scampato a un attentato, nel dicembre del 1983, rilascia un'intervista a Enzo Biagi, in cui rivela la presenza di mafiosi al governo e nelle banche. Muore il 5 gennaio del 1984 e con sentenza del 1998 Nitto Santapaola viene individuato come mandante dell'omicidio.

Nel 2006 Graziella Proto, considerata l'erede di Fava, fonda le Edizioni Le Siciliane per cui dirige "Casablanca", il bimestrale di inchieste e storie sulla Sicilia, che si batte contro le mafie e le organizzazioni criminali.

Oggi Graziella è un punto di riferimento per molti giovani ed è per loro che porta avanti il suo impegno: per offrirgli un'opportunità e farli rimanere in un territorio che ha bisogno di professionisti, cui venga mostrata più solidarietà.

February 2017

GRAZIELLA PROTO

Graziella was a biologist with the goal of becoming an oncologist when she met Pippo Fava – a meeting which led her to devote herself to ethical anti-mafia journalism, of which he was a symbol. She began collaborating with the monthly magazine *I Siciliani* founded by Fava in 1982 following his experience with newspapers such as *Espresso Sera* (for which he interviewed Cosa Nostra bosses), *Giornale del Sud*, *Corriere della Sera*, the radio programme "Voi e io"; his books, including *Gente di rispetto* and the screenplay for Werner Schroeter's film *Palermo oder Wolfsburg*, which won the 1980 Golden Bear at the Berlin Film Festival. The first article published in his magazine, "I quattro cavalieri dell'apocalisse mafiosa", is a detailed exposé of four entrepreneurs – *Cavalieri del Lavoro* – who allegedly had direct ties with boss Nitto Santapaola.

Following an unsuccessful assassination attempt, Fava revealed the presence of members of the Mafia in the government and in banks in an interview with Enzo Biagi. He died on 5th January 1984; Nitto Santapaola was convicted of ordering the murder.

In 2006, Graziella Proto – seen as Fava's successor – founded the publishing company Le Siciliane for which she is editor-in-chief of *Casablanca*, the bimonthly magazine of investigations and stories about the Sicily that fights against the Mafia and criminal organisations.

Today, Graziella is a point of reference for many youths, and it is for them that she carries on her commitment – to offer them a chance and to allow them to remain in an area that needs professional workers who, in turn, deserve a greater show of solidarity.

Février 2017

GRAZIELLA PROTO

Biologiste, Graziella aspire à devenir oncologue, mais après sa rencontre avec Pippo Fava, elle décide de se consacrer au journalisme éthique antimafia, dont il a été le symbole. Elle débute en tant que collaboratrice de la publication mensuelle *I Siciliani*, une revue que Fava fonde en 1982 après avoir travaillé pour différents journaux comme l'*Espresso Sera* pour lequel il interview les boss de Cosa Nostra, le *Giornale del Sud*, le *Corriere della Sera*, ou encore pour l'émission radiophonique *Voi e io*. Il est également l'auteur de *Gente di Rispetto* et du scénario du film *Palermo*, de Werner Schroeter, qui obtient en 1980 l'Ours d'or du meilleur film au festival de Berlin.

Le premier article publié dans la revue s'intitule « Les quatre cavaliers de l'apocalypse de la mafia » : il s'agit de la dénonciation circonstanciée de quatre entrepreneurs, « chevaliers du travail », qui auraient des liens directs avec le boss Nitto Santapaola.

En décembre 1983, après avoir survécu à un attentat, il accorde une interview à Enzo Biagi, dans laquelle il révèle la présence de mafieux au gouvernement et au sein des banques. Pippo Fava est assassiné le 5 janvier 1984 et, dans le jugement rendu en 1998, Nitto Santapaola est désigné comme le commanditaire du meurtre.

En 2006, Graziella Proto, considérée comme l'héritière de Pippo Fava, fonde la maison d'édition Le Siciliane pour laquelle elle dirige *Casablanca*, une revue bimestrielle d'enquêtes et de chroniques sur la Sicile en lutte contre la mafia et les organisations criminelles.

Aujourd'hui, Graziella est un point de référence pour de nombreux jeunes et c'est pour eux qu'elle poursuit son engagement : pour leur offrir une opportunité et éviter qu'ils ne quittent un territoire qui a besoin de professionnels et de davantage de solidarité.

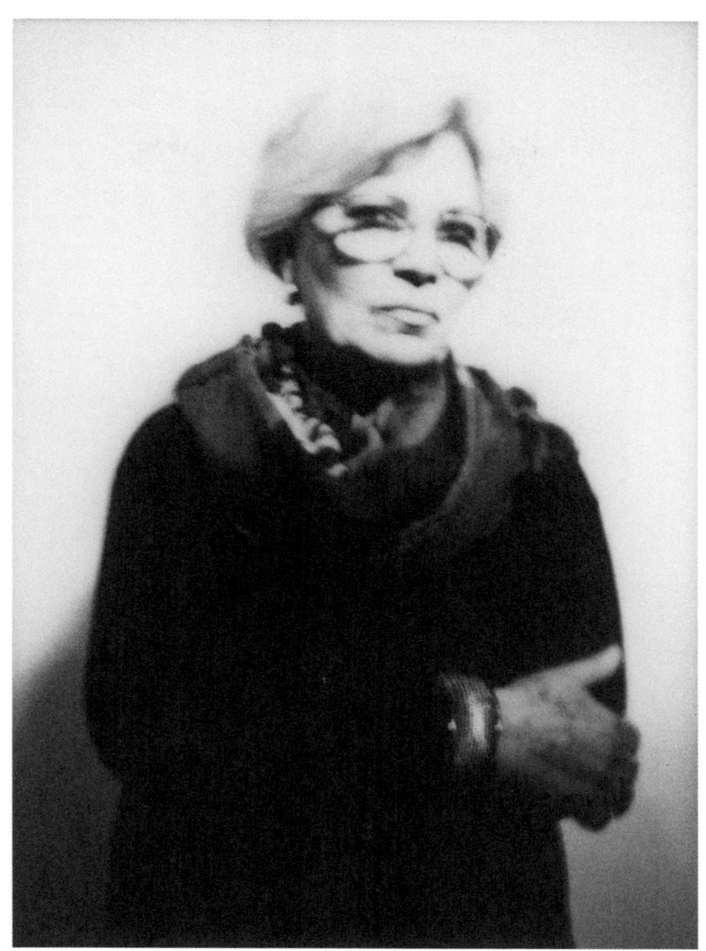
#4.1

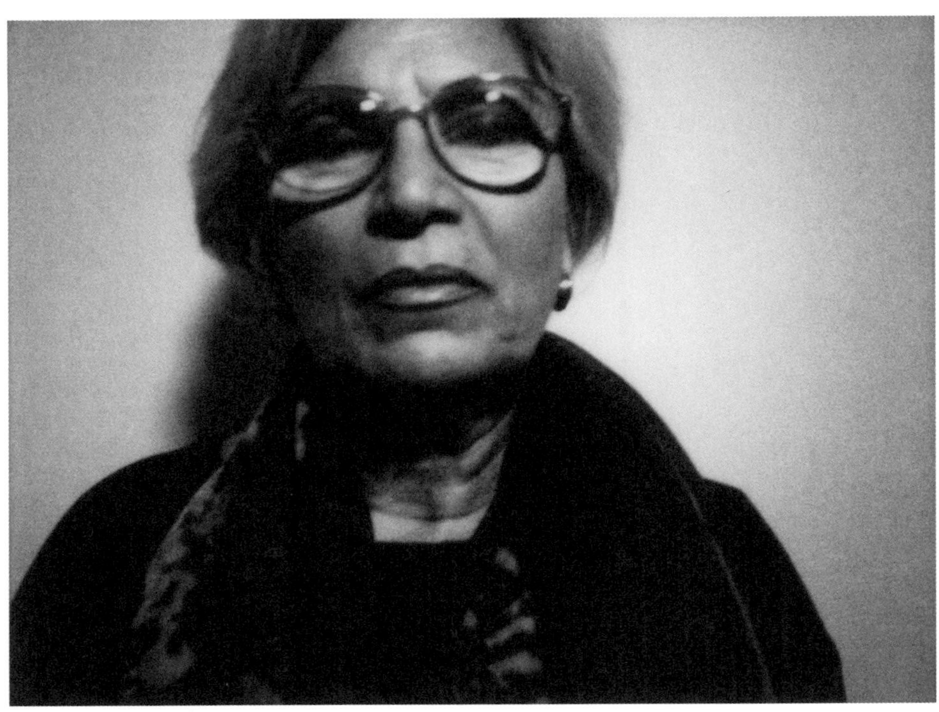

#4.2

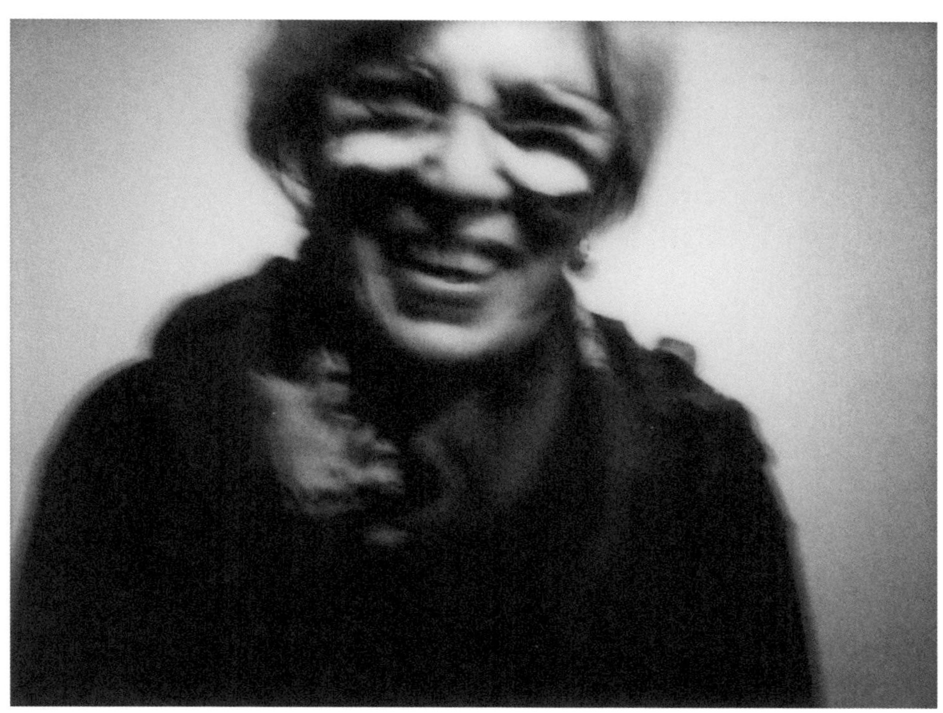

#4.3

Febbraio 2017

LICIA ROGNINI
CLAUDIA PINELLI
SILVIA PINELLI

Licia, Claudia e Silvia sono rispettivamente moglie e figlie di Giuseppe Pinelli. Di professione ferroviere, è stato partigiano e animatore del Circolo anarchico Ponte della Ghisolfa a Milano. Fermato il 12 dicembre del 1969, in seguito alla strage di piazza Fontana a Milano, nella notte tra il 15 e il 16 dicembre precipita dal quarto piano della Questura di Milano, dov'è trattenuto per essere interrogato dalla squadra del giovane commissario Luigi Calabresi, ucciso a Milano il 17 maggio del 1972.

In un primo momento la polizia riferisce che Pinelli si è gettato dalla finestra, successivamente si parla di caduta accidentale. Dopo numerose denunce da parte della moglie Licia, perizie e la riesumazione del cadavere, a ottobre del 1975 la vicenda giudiziaria si conclude. Viene pronunciata la sentenza di proscioglimento da parte del giudice istruttore Gerardo D'Ambrosio, per cui risulterà che il commissario Calabresi non era nel proprio ufficio al momento di quello che venne definito né omicidio né suicidio, ma un "malore attivo" da cui Pinelli fu colto, rimanendo preda di "un'improvvisa alterazione del centro di equilibrio" che, innescando "movimenti scoordinati", lo "proiettò fuori dalla finestra". Licia dichiarerà che il non raggiungimento della verità giudiziaria è una sconfitta dello Stato.

I processi per la strage di piazza Fontana escluderanno qualunque tipo di responsabilità o coinvolgimento di Pinelli nell'attentato. Per l'omicidio del commissario Calabresi, nel 2000 vengono condannati in via definitiva gli esponenti di Lotta Continua Ovidio Bompressi, Giorgio Pietrostefani, Adriano Sofri e Leonardo Marino; per quest'ultimo in base agli sconti di pena previsti dalla legge sui pentiti il reato è considerato estinto.

A maggio del 2009, in occasione della Giornata della memoria per le vittime del terrorismo e delle stragi, Licia e Gemma Calabresi, vedova del commissario, vengono ricevute dal Presidente della Repubblica Giorgio Napolitano e per la prima volta si stringono la mano.

February 2017

LICIA ROGNINI
CLAUDIA PINELLI
SILVIA PINELLI

Licia, Claudia and Silvia are Giuseppe Pinelli's wife and daughters, respectively. A railway worker by trade, he was a Resistance fighter and a member of the anarchist association Ponte della Ghisolfa in Milan. Detained on 12th December 1969 following the Piazza Fontana bombing in Milan, on the night of 15th-16th December he fell to his death from the fourth floor of the Milan police station, where he was being interrogated by the team working under the young commissioner Luigi Calabresi, who would be killed in Milan on 17th May 1972.

The police initially reported that Pinelli had thrown himself from the window, later speaking of natural causes. After several statements by his wife Licia, in addition to evaluations and an exhumation, the judicial case came to an end in October 1975. An acquittal was issued by investigating magistrate Gerardo D'Ambrosio, ascertaining that Commissioner Calabresi hadn't been in his office at the time of what was described as neither homicide nor suicide but, rather, an "active collapse" that seized Pinelli, who suffered a "sudden alteration of his centre of balance" which, triggering "disjointed movements", "propelled him out the window". Licia would describe the failure to achieve judicial truth as a defeat of the State.

The trials for the Piazza Fontana bombing would clear Pinelli of any type of responsibility or involvement in the attack. For the murder of Commissioner Calabresi, the members of Lotta Continua Ovidio Bompressi, Giorgio Pietrostefani, Adriano Sofri and Leonardo Marino were sentenced once and for all; for the latter, based on the reductions in sentence provided for by the law on informers, the crime has been extinguished.

In May 2009, on the Day of Remembrance of the Victims of Terrorism, Licia and Gemma Calabresi, the commissioner's widow, were received by Italian President Giorgio Napolitano, and the two women shook hands for the very first time.

Février 2017

LICIA ROGNINI
CLAUDIA PINELLI
SILVIA PINELLI

Licia, Claudia et Silvia sont respectivement la femme et les filles de Giuseppe Pinelli. Cheminot de profession, Giuseppe Pinelli a été partisan et animateur du cercle anarchiste Ponte della Ghisolfa à Milan. Arrêté le 12 décembre 1969 après l'attentat de la piazza Fontana à Milan, dans la nuit du 15 au 16 décembre il tombe du quatrième étage de la préfecture de police de la capitale lombarde où il est détenu pour un interrogatoire par l'équipe du jeune commissaire Luigi Calabresi, qui sera assassiné à Milan le 17 mai 1972.

Dans un premier temps, la police déclare que Giuseppe Pinelli s'est jeté par la fenêtre, avant d'évoquer une chute accidentelle. Après de nombreuses dénonciations déposées par Licia, l'épouse de Giuseppe Pinelli, diverses expertises et l'exhumation du corps, l'affaire se conclut en octobre 1975. Le juge d'instruction Gerardo D'Ambrosio prononce l'acquittement du commissaire Calabresi : l'enquête a conclu que ce dernier ne se trouvait pas dans son bureau au moment de ce qui n'est défini ni un homicide, ni un suicide, mais un « malaise actif » dont a été victime Giuseppe Pinelli qui, en proie à une « soudaine altération de son équilibre » ayant provoqué des « mouvements désordonnés », a « chuté par la fenêtre ». Pour Licia, l'État, incapable d'établir la vérité judiciaire, a échoué.

À l'issue des procès du massacre de la piazza Fontana, toute responsabilité ou implication de Giuseppe Pinelli dans l'attentat est exclue. Ovidio Bompressi, Giorgio Pietrostefani et Adriano Sofri, membres de Lotta Continua, sont condamnés définitivement en 2000 pour l'homicide du commissaire Calabresi. Quant à Leonardo Marino, condamné lui aussi, il bénéficie de la réduction de peine octroyée aux collaborateurs de justice et le délit est donc prescrit.

En mai 2009, à l'occasion de la Journée de la mémoire pour les victimes du terrorisme et des attentats, Licia Rognini et Gemma Calabresi, la veuve du commissaire, sont reçues par le président de la République Giorgio Napolitano et se serrent la main pour la première fois.

#5

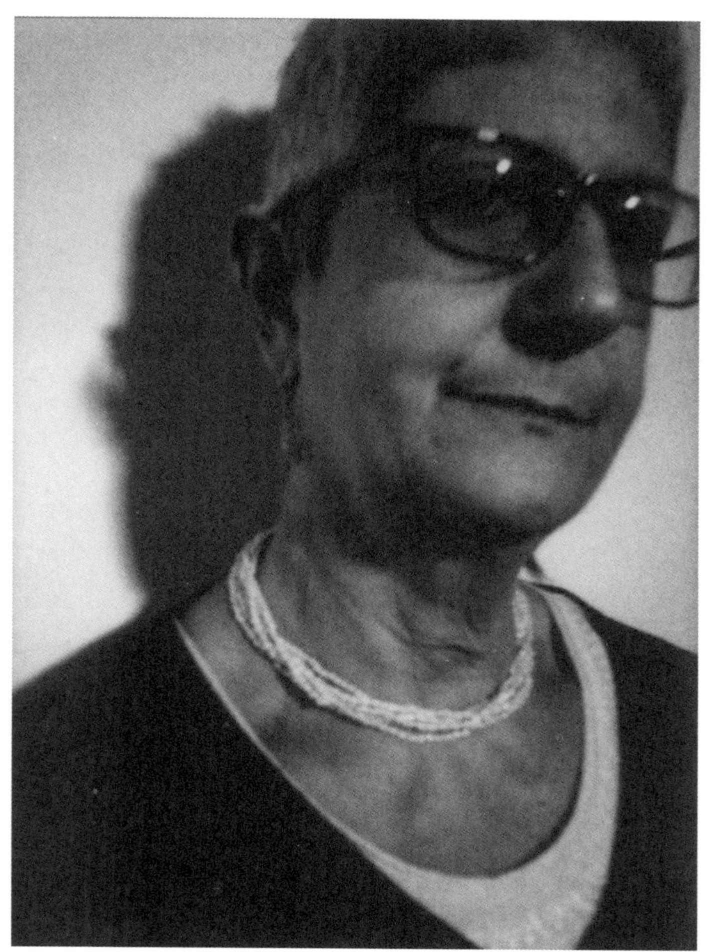

#5.1

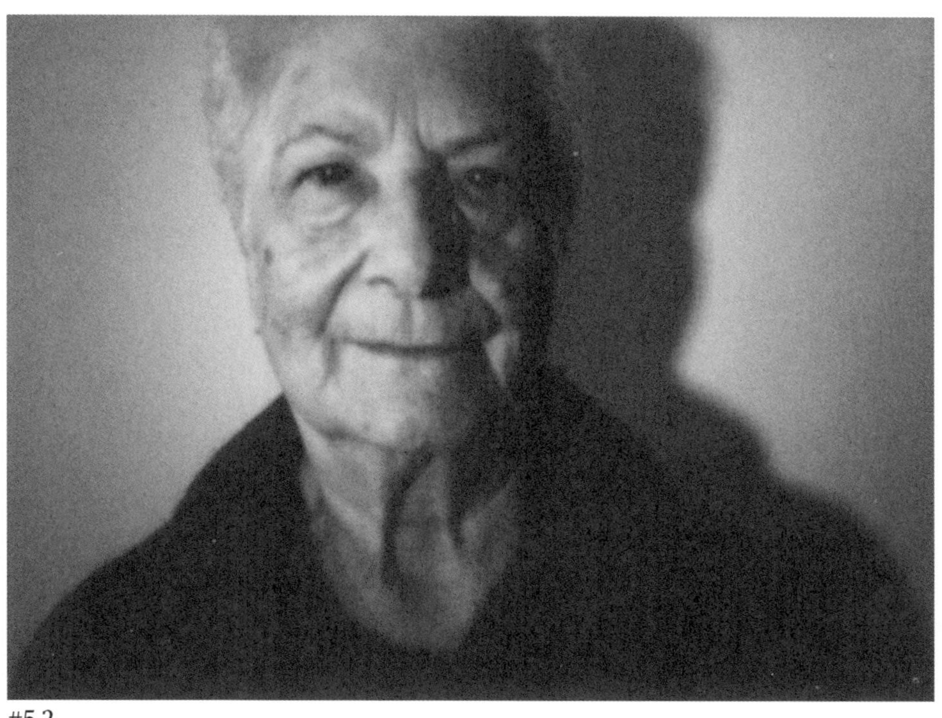

#5.2

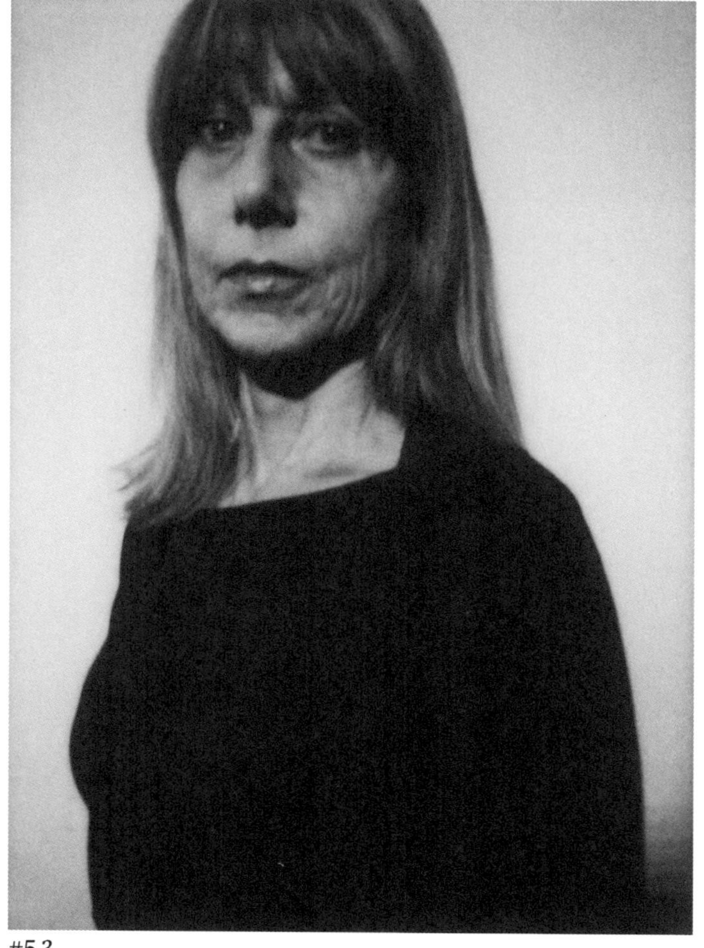

#5.3

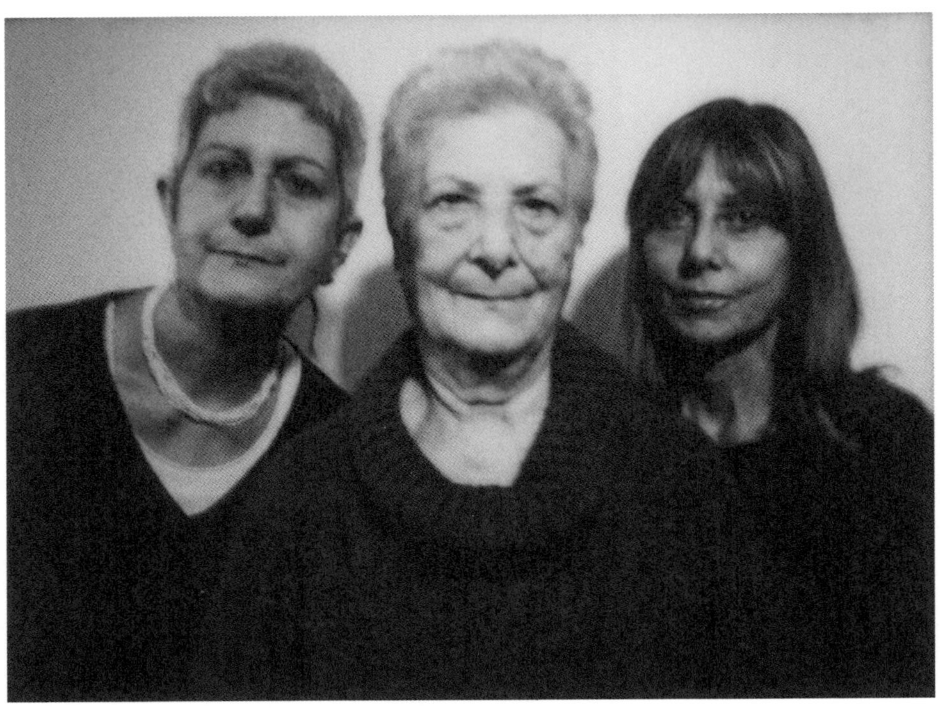

#5.4

Salvatore Buscemi	Palermo, 3/09/1947	Palermo, 5/04/1976
Rodolfo Buscemi	Palermo, 8/02/1958	Palermo, 26/05/1982

Febbraio 2017

MICHELA BUSCEMI

Michela è la sorella di Salvatore e Rodolfo Buscemi, morti per mano della mafia. Salvatore viene ucciso per aver tentato di entrare nel mercato di contrabbando delle sigarette senza il permesso di Cosa Nostra. Rodolfo e il cognato Matteo Rizzuto iniziano a indagare per scoprire gli autori del delitto, concentrandosi sul quartiere di Sant'Erasmo a Palermo, al tempo controllato dal boss Filippo Marchese, verso il quale conducono molti indizi. Con una falsa offerta di lavoro, Rodolfo e Matteo, rispettivamente 24 e 18 anni, vengono attirati e fatti scomparire, e di loro non si saprà più nulla fino al 1983, quando Vincenzo Sinagra, collaboratore di giustizia, racconterà che entrambi sono stati gettati in fondo al mare dopo aver subito torture nella "camera della morte" da parte dei boss Pino Greco e Filippo Marchese, quest'ultimo a sua volta scomparso per volontà del boss Totò Riina.

Nel 1986 a Palermo inizia il maxiprocesso penale contro 475 imputati legati a Cosa Nostra. Michela decide di costituirsi parte civile e per questo è allontanata dalla sua famiglia di origine. Viene aiutata dal Centro Impastato di Palermo, l'Associazione donne siciliane per la lotta contro la mafia e gli avvocati che accettano di rappresentarla gratuitamente.

A causa della situazione di isolamento per essersi così esposta e delle continue minacce di morte ricevute da esponenti della malavita organizzata, nel 1989 arrabbiata e impaurita decide di ritirarsi.

Negli anni Michela è diventata un simbolo della lotta contro la mafia e di ribellione nei confronti dell'omertà. La sua vita è raccontata nel libro *Nonostante la paura.*

February 2017

MICHELA BUSCEMI

Michela is the sister of Salvatore and Rodolfo Buscemi, who both died at the hands of the Mafia. Salvatore was killed for having attempted to enter the cigarette smuggling market without the permission of Cosa Nostra. Rodolfo and his brother-in-law Matteo Rizzuto began an investigation in the hope of discovering the perpetrators of the crime; they concentrated on the neighbourhood of Sant'Erasmo, in Palermo, at the time under the control of boss Filippo Marchese, to whom several clues led. Lured by a fake job offer, Rodolfo and Matteo – 24 and 18 years old, respectively – disappeared without a trace until 1983, when state witness Vincenzo Sinagra confessed that their bodies had been dumped at sea after being tortured in the "room of death" by bosses Pino Greco and Filippo Marchese (the latter had since been murdered himself on boss Totò Riina's orders).

A criminal maxi-trial against 475 defendants linked to Cosa Nostra began in Palermo in 1986. Having decided to bring a civil action, Michela became estranged from her birth family. She was assisted by the Centro Impastato in Palermo, the Associazione donne siciliane per la lotta contro la mafia and by the lawyers who agreed to represent her for free. The isolation caused by the risk of exposure and the constant death threats she received from members of organised crime led to her withdrawal from the scenes in 1989, amid anger and fear.

Over the years, Michela has become a symbol of the fight against the Mafia and of rebellion against its code of silence. Her life is described in the book *Nonostante la paura*.

Février 2017

MICHELA BUSCEMI

Michela est la sœur de Salvatore et Rodolfo Buscemi, tous deux victimes de la mafia. Salvatore est assassiné pour avoir tenté de se lancer dans la contrebande de cigarettes sans l'autorisation de Cosa Nostra. Rodolfo et son beau-frère Matteo Rizzuto commencent à enquêter pour identifier les auteurs du délit, en se concentrant sur le quartier de Sant'Erasmo à Palerme, contrôlé à l'époque par le boss Filippo Marchese, vers lequel convergent de nombreux indices. Bernés par une fausse offre de travail, Rodolfo, 24 ans, et Matteo, 18 ans, disparaissent sans laisser de traces. En 1983, Vincenzo Sinagra, repenti, raconte que les deux hommes ont été jetés en mer après avoir été torturés dans la « chambre de la mort » par les boss Pino Greco et Filippo Marchese, ce dernier disparaissant également sur ordre du parrain Totò Riina.

En 1986, le Maxi-Procès commence à Palerme, un procès contre 475 accusés liés à Cosa Nostra. Lorsque Michela décide de se constituer partie civile, sa famille coupe les ponts avec elle. Elle est aidée par le Centro Impastato de Palerme, l'association Donne siciliane per la lotta contro la mafia et des avocats qui acceptent de la représenter gratuitement.

Isolée de tous en raison de son exposition et recevant continuellement des menaces de mort de la part de représentants de la criminalité organisée, en 1989, tiraillée entre la colère et la peur, elle décide de se retirer du procès.

Au fil des ans, Michela est devenue un symbole de la lutte contre la mafia et de rébellion contre l'omertà. Sa vie est retracée dans le livre *Nonostante la paura*.

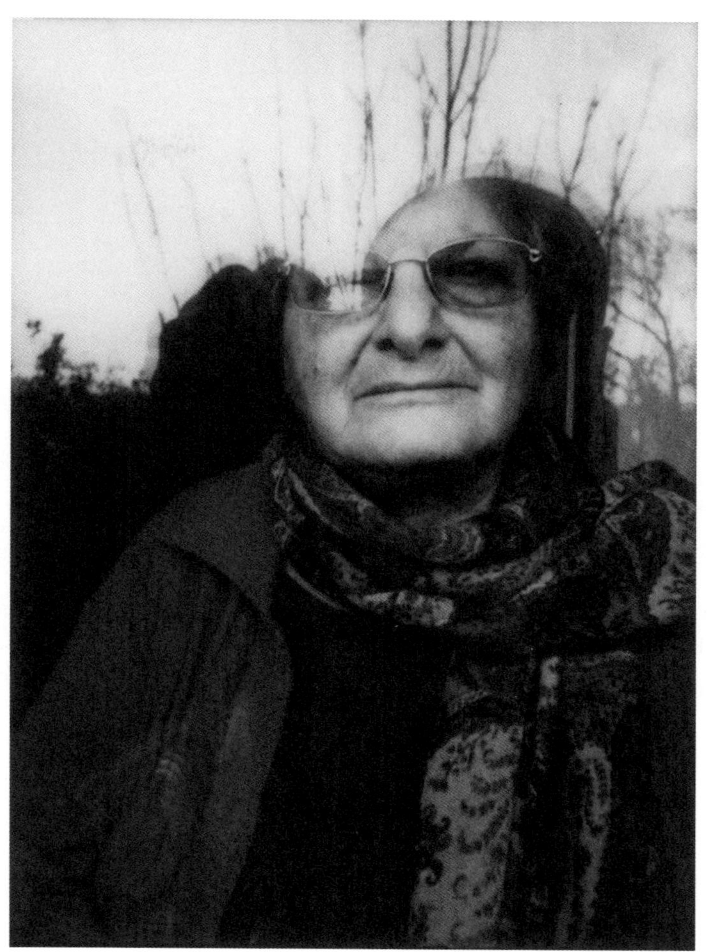

#6.1

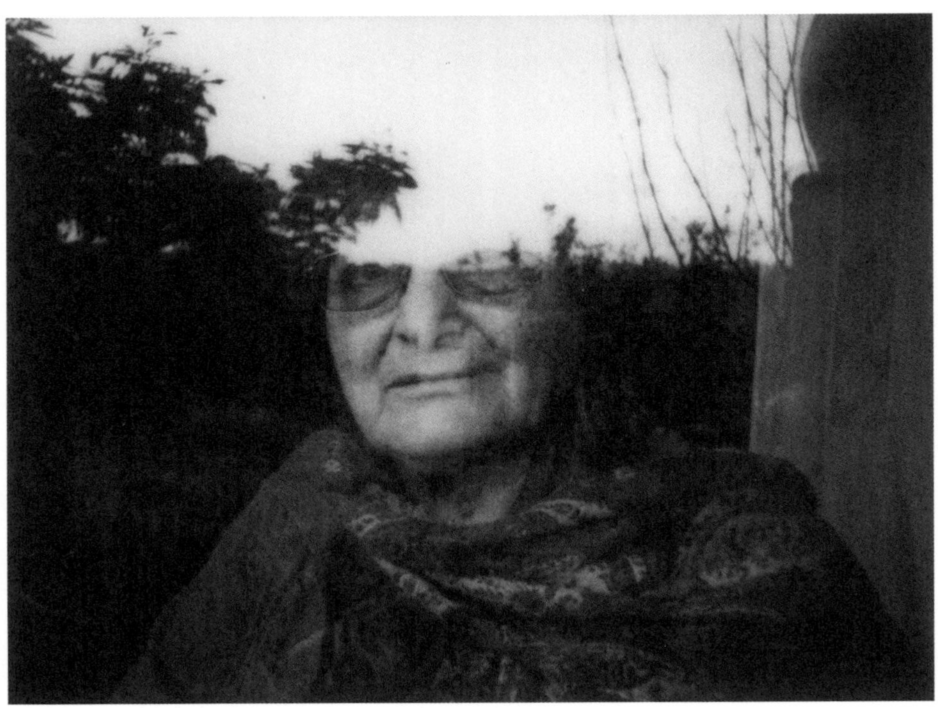
#6.2

Marzo 2017

ORNELLA GEMINI NATHAN APRILE GATTI

Ornella e Nathan sono rispettivamente la mamma e il fratello di Niki Aprile Gatti, il giovane informatico morto in circostanze mai chiarite e ritrovato impiccato nella sua cella, dopo essere stato arrestato con l'ipotesi di accusa per frode informatica. L'inchiesta "Operazione Premium" prevede l'arresto di altre 18 persone, che finiscono nel carcere di Rimini; solo Niki, l'unico a non avvalersi della facoltà di non rispondere, viene portato nel carcere di Sollicciano a Firenze. La prima opposizione contro l'archiviazione della morte per suicidio scompare dagli uffici della Procura di Firenze, così come non vengono ritrovati gli effetti personali e il computer nella casa del giovane. Con udienza preliminare del 2015, il processo viene azzerato perché i fatti relativi al caso risultano non essere di competenza dei giudici fiorentini, ma del tribunale di Arezzo, da cui deve ripartire l'inchiesta.

Ornella fonda l'Associazione Culturale Niki Aprile Gatti Onlus con l'intento di sostenere le persone in stato di difficoltà e disagio. Impegnata in diverse attività, promuove una raccolta fondi per la costruzione del Parco dei sorrisi ad Avezzano, un giardino inclusivo, che consenta a tutti i bambini di giocare insieme, secondo le loro abilità e disabilità. Ogni anno viene conferito il premio "Niki Aprile Gatti" agli studenti autori di progetti e attività di particolare rilievo, nell'ambito delle nuove tecnologie e in modo specifico dell'informatica.

L'impegno della mamma di Niki continua insieme alla lotta per la ricerca della verità e nella convinzione che si debba costruire un sistema di giustizia a servizio dell'uomo.

March 2017

ORNELLA GEMINI
NATHAN APRILE GATTI

Ornella and Nathan are Niki Aprile Gatti's mother and brother, respectively. The young computer technician was found dead in unexplained circumstances, hanging in his cell after being arrested with the accusation of computer fraud. The other 18 people arrested as part of the inquiry known as "Operazione Premium" were detained in the Rimini jail; only Niki – the only one to not avail himself of the right to remain silent – was transferred to the Sollicciano jail in Florence. The initial opposition to the dismissal of his death by suicide disappeared from the Public Prosecutor's Office of Florence; likewise, no personal effects or computers were found in the young man's home. A preliminary hearing held in 2015 cancelled the trial because the facts relevant to the case were found to go beyond the jurisdiction of the Florentine magistrates, falling under that of the Arezzo court, which had to restart the investigation.

Ornella founded the Associazione Culturale Niki Aprile Gatti Onlus with the goal of supporting people who faced poverty and hardships. The association's activities include fundraising to build the Parco dei sorrisi in Avezzano – an inclusive playground where all children can play together, according to their abilities and disabilities. The "Niki Aprile Gatti" prize is awarded every year to students who have authored noteworthy projects and activities in the sphere of new technologies and especially computer science.

Alongside her unwavering commitment, Niki's mother continues to fight for the truth, firmly believing in the necessity to build a system of justice that truly serves men.

Mars 2017

ORNELLA GEMINI
NATHAN APRILE GATTI

Ornella et Nathan sont la mère et le frère de Niki Aprile Gatti, le jeune informaticien mort dans des circonstances jamais élucidées et retrouvé pendu dans sa cellule, après avoir été arrêté pour fraude informatique. L'enquête « Operazione Premium » prévoit l'arrestation de 18 autres personnes, incarcérées à Rimini. Niki, qui est le seul à ne pas recourir au droit de garder le silence, est conduit à la prison de Sollicciano, à Florence. La première opposition au classement de son décès comme suicide disparaît des bureaux du Parquet de Florence, tout comme certains de ses effets personnels et son ordinateur, introuvables à son domicile. Lors de l'audience préliminaire de 2015, le procès est annulé, car il s'avère que les faits relatifs à l'affaire ne relèvent pas de la compétence des juges florentins, mais du tribunal d'Arezzo où l'enquête doit repartir de zéro.

Ornella fonde l'Associazione Culturale Niki Aprile Gatti Onlus, dans le but de soutenir les personnes en difficulté. Engagée dans diverses activités, elle organise une collecte de fonds pour la construction du « Parco dei sorrisi », à Avezzano, un parc basé sur le principe de l'inclusion, permettant à tous les enfants de jouer ensemble, selon les capacités et les handicaps de chacun. Chaque année, le prix « Niki Aprile Gatti » est remis aux étudiants auteurs de projets et d'activités particulièrement importants, dans le cadre des nouvelles technologies et notamment de l'informatique.

La mère de Niki poursuit son combat pour la recherche de la vérité, convaincue de la nécessité de construire un système judiciaire au service de l'homme.

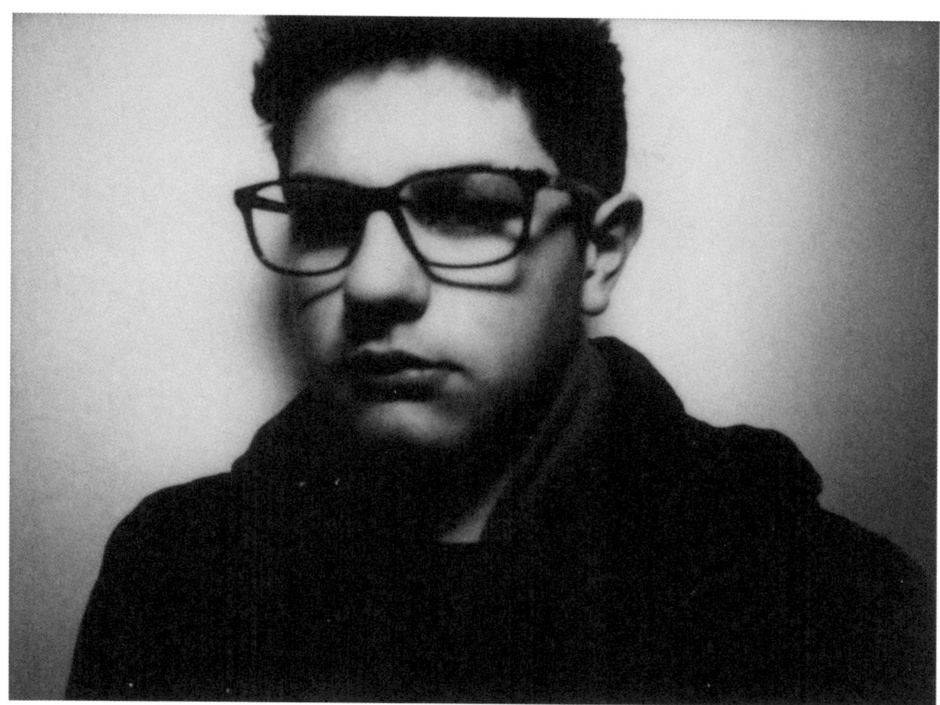
#7.1

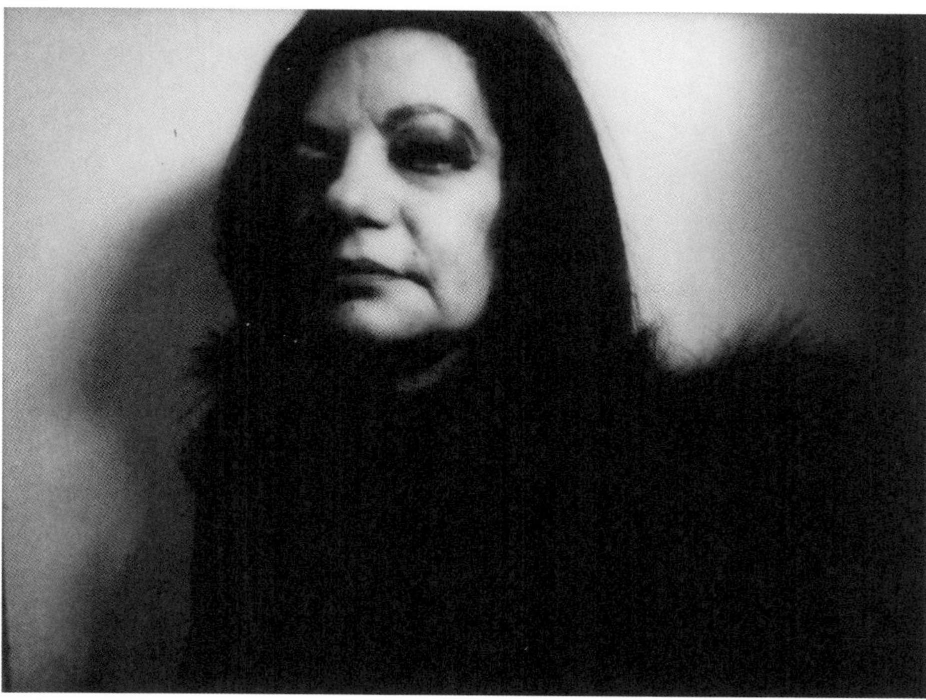
#7.2

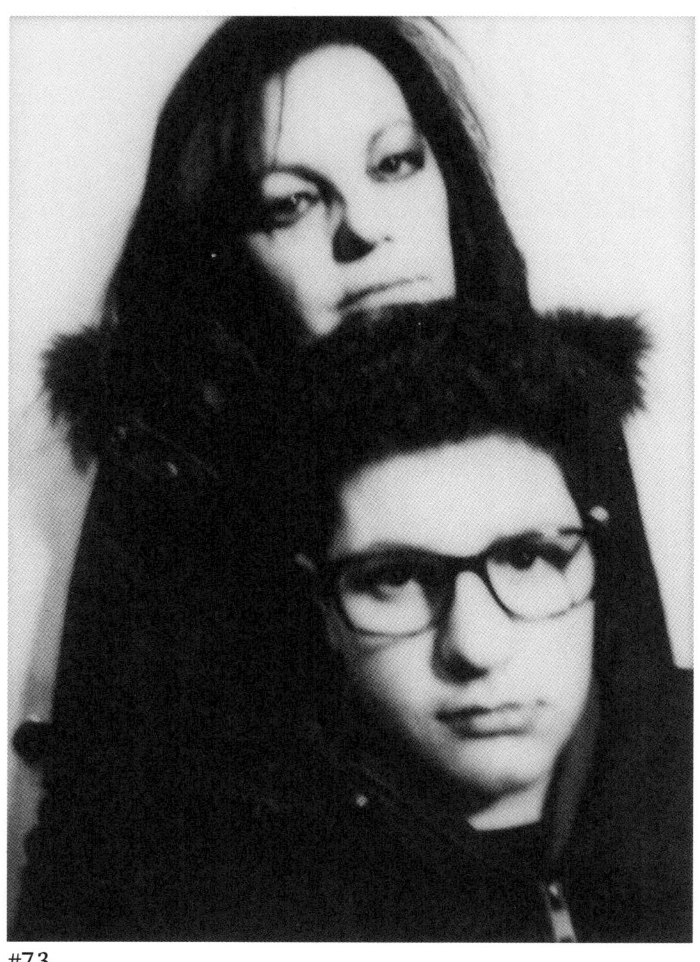

#7.3

Paolo Borsellino

Palermo,
19/01/1940

Palermo,
19/07/1992

Marzo 2017

SALVATORE BORSELLINO

Salvatore è il fratello minore di Paolo, magistrato italiano e membro del pool antimafia costituito a Palermo negli anni ottanta. Paolo, insieme a cinque agenti della scorta, è rimasto vittima dell'attentato di via D'Amelio a Palermo il 19 luglio 1992, a due mesi dall'uccisione del suo collega e amico Giovanni Falcone.

Dopo la morte del fratello, Salvatore, che di professione è ingegnere, fonda il Comitato Cittadino "19 Luglio 2009" e, in occasione del diciassettesimo anniversario della strage di via D'Amelio, organizza la prima marcia delle "Agende Rosse", da cui nascerà l'omonimo movimento. Il nome di questa iniziativa prende spunto dal taccuino di Paolo, su cui venivano riportati appunti e informazioni, dal quale non si separava mai e che, a oggi, risulta ancora tra gli effetti personali del magistrato non rinvenuti dopo la sua morte.

Durante la giornata di commemorazione del ventiseiesimo anniversario, il 19 luglio del 2018, per la prima volta salgono sul palco alcuni rappresentanti dello Stato per testimoniare il proprio impegno nella ricerca della verità.

Dopo anni di processi e depistaggi per mano di uomini delle istituzioni, così come certificato a luglio del 2018 dalla Corte d'Assise di Caltanissetta nelle motivazioni della sentenza con cui si è concluso l'ultimo processo sulla strage di via D'Amelio, non risultano ancora i colpevoli.

Salvatore oggi continua a combattere affinché vengano individuati i mandanti dell'attentato e a promuovere attività per sensibilizzare la lotta alla criminalità organizzata e alle collusioni tra politica, poteri occulti e mafia.

March 2017

SALVATORE BORSELLINO

Salvatore is the younger brother of Paolo, who was an Italian magistrate and member of the Antimafia Pool established in Palermo in the 1980s. Paolo and five of the policemen escorting him was killed in the via D'Amelio bombing in Palermo on 19th July 1992 two months after the assassination of his friend and colleague Giovanni Falcone.

Following his brother's death, Salvatore – an engineer by trade – founded the City Committee "19 Luglio 2009" and, on the seventeenth anniversary of the via D'Amelio bombing, organised the first march of the "Agende Rosse", which would give rise to the movement of the same name. The idea for this name was inspired by the red diary in which Paolo would write down notes and information. He always had it on him, yet it was missing from the magistrate's personal effects, and was never found.

On 19th July 2018, the day commemorating the twenty-sixth anniversary of the bombing, political representatives took the stage for the first time, attesting to the State's commitment to searching for the truth.

After years of trials and red herrings at the hands of institutional representatives, as attested to in July 2018 by the Caltanissetta Court of Assizes, official guilty parties have yet to be found in the grounds for the judgement concluding the latest trial on the via D'Amelio bombing.

Today, Salvatore continues to fight for the instigators of the bombing to be identified, as well as to promote activities aimed at raising awareness of the fight against organised crime and the collusions between politics, hidden powers and the Mafia.

Mars 2017

SALVATORE BORSELLINO

Salvatore est le frère cadet de Paolo, magistrat italien et membre du pool antimafia constitué à Palerme dans les années 80. Paolo est victime de l'attentat de via D'Amelio à Palerme avec cinq agents de son escorte, le 19 juillet 1992, deux mois après l'assassinat de son ami et collègue Giovanni Falcone.

Après la mort de son frère, Salvatore, ingénieur de profession, fonde le Comité des Citoyens « 19 luglio 2009 » et, à l'occasion du dix-septième anniversaire du massacre de la via D'Amelio, il organise la première marche des « Agende Rosse », qui donnera naissance au mouvement homonyme. Le nom de cette initiative s'inspire de l'agenda rouge de Paolo, sur lequel ce dernier prenait ses notes et dont il ne se séparait jamais. À ce jour, cet agenda fait encore partie des effets personnels du magistrat qui n'ont pas été retrouvés après sa mort.

Pendant la journée de commémoration du vingt-sixième anniversaire de l'assassinat, le 19 juillet 2018, des représentants de l'État participent pour la première fois à la cérémonie, afin de démontrer leur engagement dans la quête de la vérité.

Après des années de procès et de fausses pistes encouragées par certains membres d'institutions, comme le certifie la Cour d'assises de Caltanissetta en juillet 2018 dans les motifs du jugement qui vient clôturer le dernier procès relatif au massacre de la via D'Amelio, aucun coupable n'a encore été reconnu.

Aujourd'hui, Salvatore poursuit son combat afin que soient identifiés les commanditaires de l'attentat et s'implique dans des activités de sensibilisation à la lutte contre la criminalité organisée et les collusions entre politique, pouvoirs occultes et mafia.

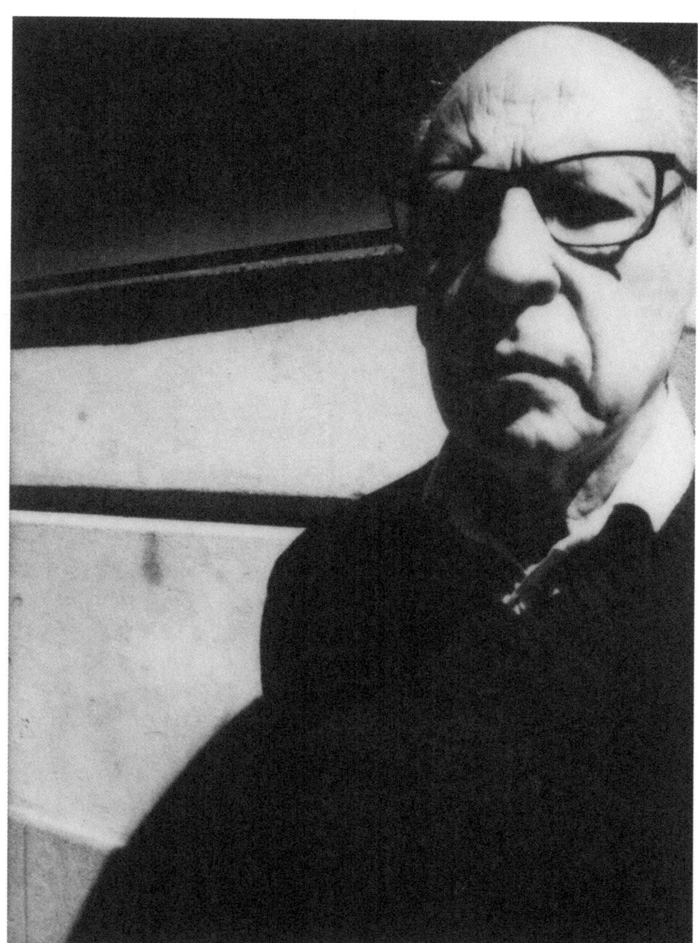
#8.1

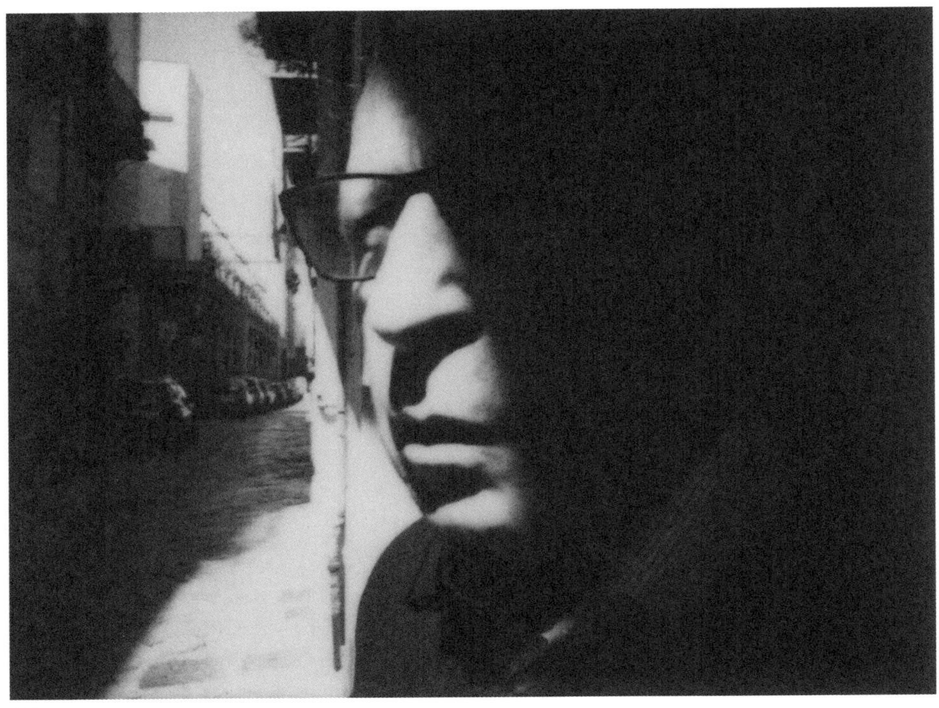

#8.2

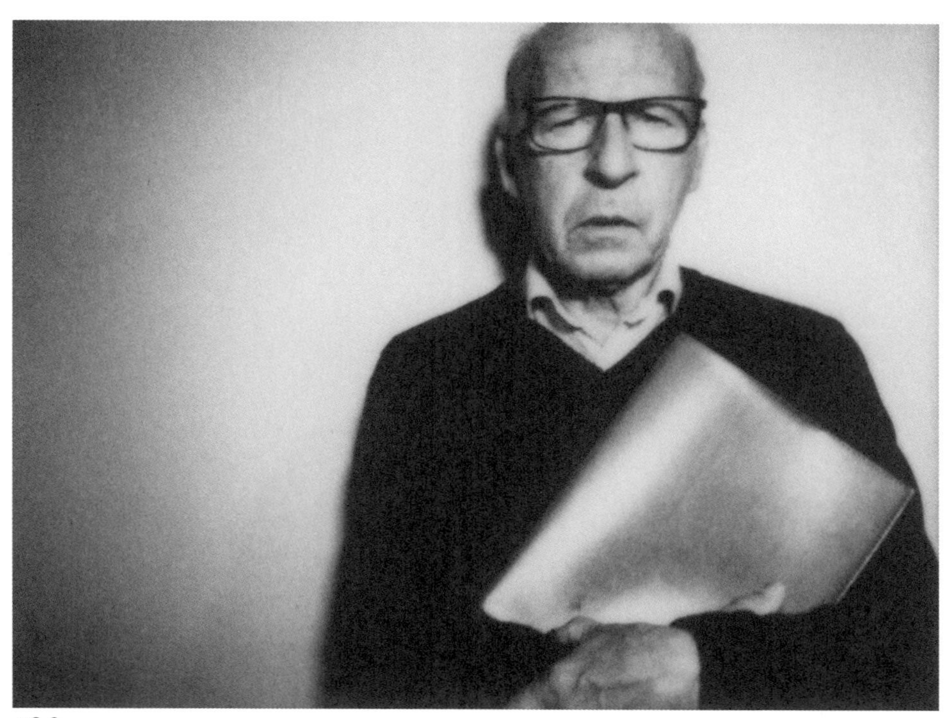

#8.3

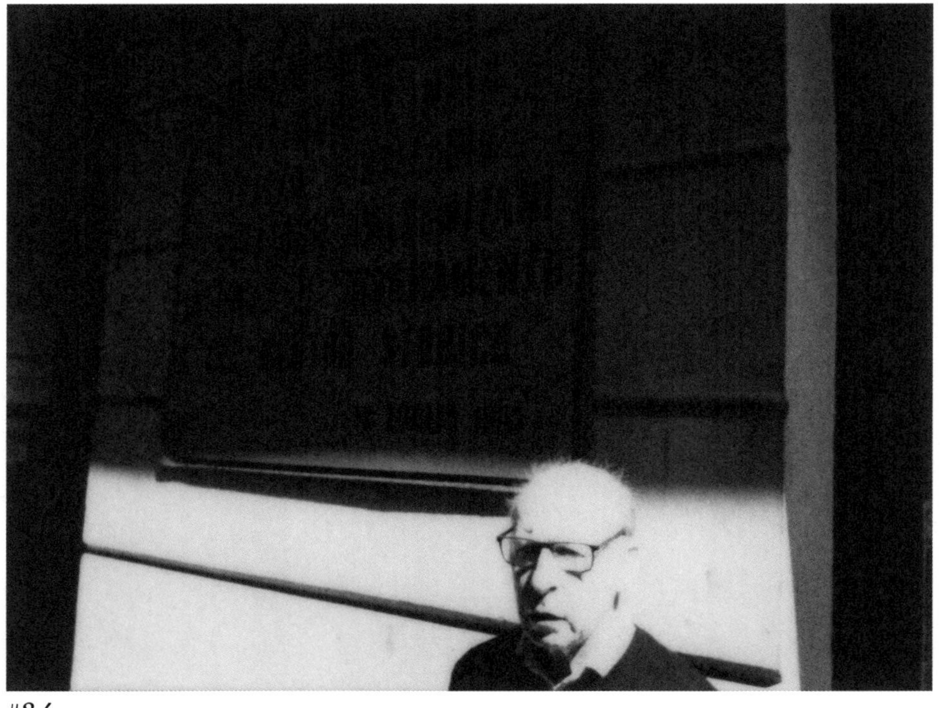
#8.4

Giuseppe Tusa

Milazzo (Messina), 17/01/1983

Genova, 7/05/2013

Marzo 2017

ADELE CHIELLO TUSA

Adele è la mamma del giovane Giuseppe, in servizio da cinque anni presso la Guardia Costiera in Liguria, che perde la vita insieme ad altre nove persone nel crollo della Torre Piloti del molo Giano, al porto di Genova, abbattuta dall'urto della nave porta container *Jolly Nero*. Giuseppe è appassionato di musica e dedica parte del suo tempo all'attività di dj con lo pseudonimo Giuppy Black.

Subito dopo la tragedia, si apre un lungo iter giudiziario e il filone principale dell'inchiesta, che coinvolge società e membri dell'equipaggio della nave *Jolly Nero*, si conclude con la condanna in primo grado di quattro persone.

Parallelamente all'inchiesta ufficiale, Adele inizia una personale indagine, mossa dalla ricerca della verità. Si documenta, contatta i testimoni di cui ha appreso dai giornali, legge le migliaia di pagine di atti prodotti, per contrapporsi alla richiesta di archiviazione dell'inchiesta sulla costruzione della torre,e chiedere di effettuare in merito un'indagine sui parametri di sicurezza, con apertura di un processo contro progettisti, costruttori, collaudatori e l'ammiraglio che avrebbero dovuto garantire l'incolumità delle persone che lavoravano nella torre.

Dopo otto mesi di indagini, la Procura di Genova ha rinviato a giudizio dodici persone e il 19 settembre 2018 si è tenuta la prima udienza dibattimentale del processo "bis" sul crollo della Torre Piloti, nel corso della quale il Ministero della Difesa, il Ministero dei Trasporti, l'Autorità portuale di Genova e della Capitaneria di Porto sono stati citati per rispondere dell'operato dei loro vertici – imputati nel processo – da un punto di vista civilistico per i risarcimenti.

Adele è alla ricerca della verità per suo figlio e affinché in futuro siano adottate tutte le misure idonee a garantire l'integrità dei lavoratori e la sicurezza delle strutture. Il 22 gennaio del 2018, a Milazzo è stato inaugurato il monumento a Giuseppe Tusa.

March 2017

ADELE CHIELLO TUSA

Adele is the mother of young Giuseppe, who had been working for the Liguria Coast Guard for five years when, along with nine other people, he died in the collapse of the Control Tower on the Giano pier at the port of Genoa, which occurred after the cargo ship *Jolly Nero* crashed into it. A great lover of music, Giuseppe also carried out an activity as a DJ, under the pseudonym Giuppy Black.

Drawn-out legal proceedings began right after the tragedy, and the main trend of the inquest, which involved the company and crew members of the *Jolly Nero*, ended with four people being convicted in the first degree.

Driven by a desire for the truth, Adele began her own investigation in parallel with the official one. She gathered information, contacted the witnesses she'd read about in the papers and read the thousands of pages contained in the legal documents produced, so as to oppose the requested dismissal of the inquiry into the construction of the tower. Her further aim was to request an inquiry into the safety standards followed, bringing a lawsuit against the design engineers, builders and testers involved, as well as against the captain responsible for the safety of the people working in the tower.

After an eight-month inquiry, the Public Prosecutor's Office of Genoa committed twelve people for trial, and the first hearing in the second trial on the collapse of the Control Tower was held on 19th September 2018. During the trial, the Ministry of Defence, the Ministry of Transport, the Genoa Ministry Port Authority and the Harbour Master's Office, were summoned to answer for the actions of their leaders – defendants in the trial – from a civil law point of view for compensation.

Adele is still searching for the truth about her son, in the hope that all the necessary measures to ensure the safety of workers and buildings alike will be adopted in the future. A monument to Giuseppe Tusa was unveiled on 22nd January 2018 in Milazzo.

Mars 2017

ADELE CHIELLO TUSA

Adele est la mère du jeune Giuseppe, en service depuis cinq ans auprès de la Garde Côtière de la Ligurie, qui trouve la mort avec neuf autres personnes lors de l'effondrement de la tour des Pilotes du môle Giano, au port de Gênes, qui s'écroule après avoir été heurtée par le navire porte-conteneurs *Jolly Nero*. Giuseppe est passionné de musique et consacre une partie de son temps à l'activité de DJ sous le pseudonyme de Giuppy Black.

Peu de temps après la tragédie, une longue procédure judiciaire est engagée et la branche principale de l'enquête, qui implique la société et les membres de l'équipage du navire *Jolly Nero*, se conclut par la condamnation en première instance de quatre personnes.

Parallèlement à l'enquête officielle, Adele, poussée par son besoin de vérité, poursuit ses propres investigations. Elle se documente, contacte les témoins grâce aux informations recueillies dans les journaux, lit les milliers de pages de pièces produites, afin de s'opposer à la demande de classement de l'enquête relative à la construction de la tour, et réclame une enquête sur les paramètres de sécurité, avec l'ouverture d'un procès impliquant les concepteurs, les constructeurs, les contrôleurs et l'amiral qui aurait dû garantir la sécurité des personnes travaillant dans la tour.

Après huit mois d'enquête, le Parquet de Gênes met en accusation douze personnes. Le 19 septembre 2018 a lieu la première audience de plaidoiries du procès « bis » sur l'effondrement de la tour des Pilotes, au cours de laquelle le ministère de la Défense, le ministère des Transports, l'autorité portuaire de Gênes et de la capitainerie ont été cités à comparaître pour répondre des actes de leurs dirigeants, inculpés eux aussi, sur le plan civil pour la question du dédommagement.

Adele est à la recherche de la vérité pour son fils, et pour qu'à l'avenir soient adoptées toutes les mesures nécessaires pour garantir la protection des travailleurs et la sécurité des structures. Le 22 janvier 2018, un monument en l'honneur de Giuseppe Tusa a été inauguré à Milazzo.

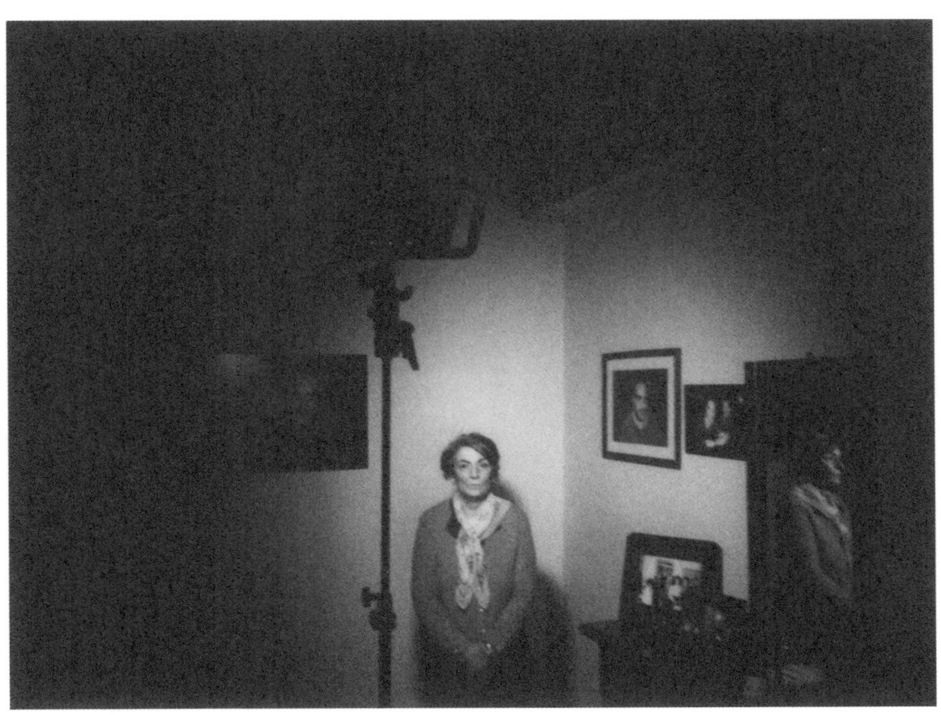
#9.1

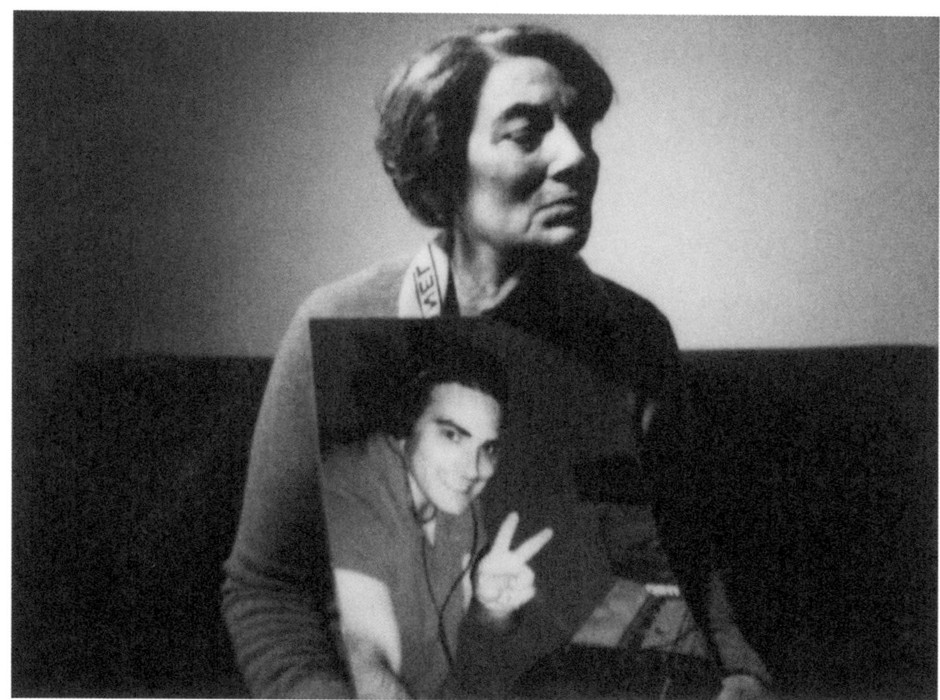
#9.2

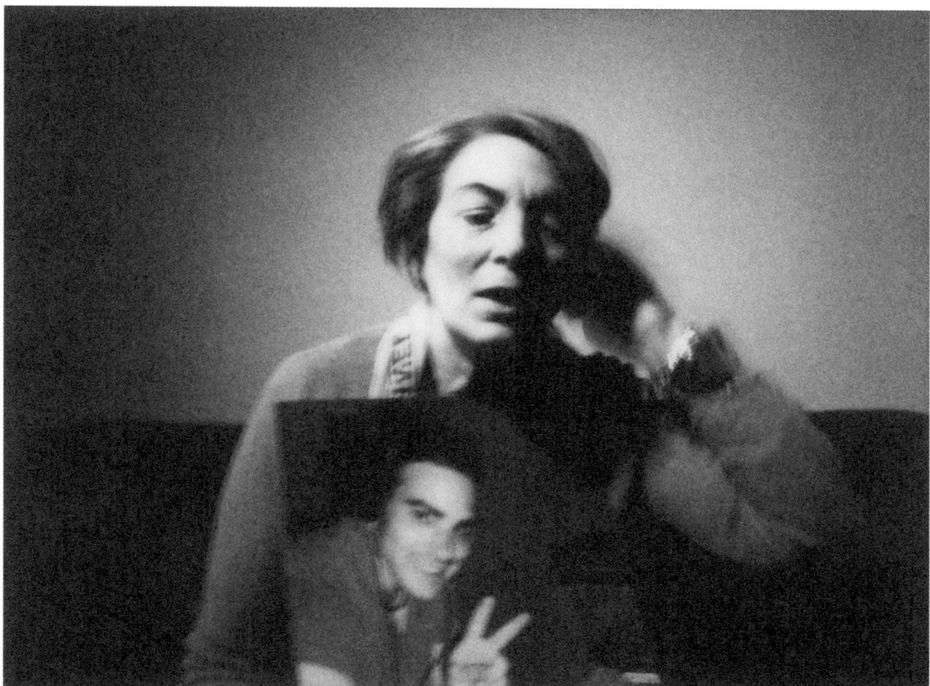
#9.3

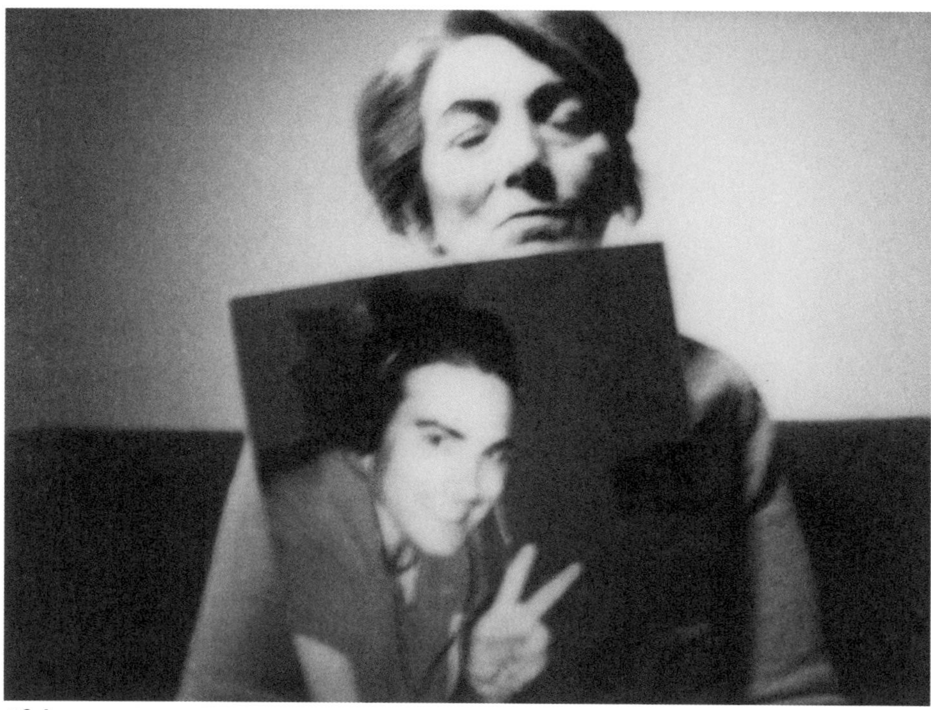
#9.4

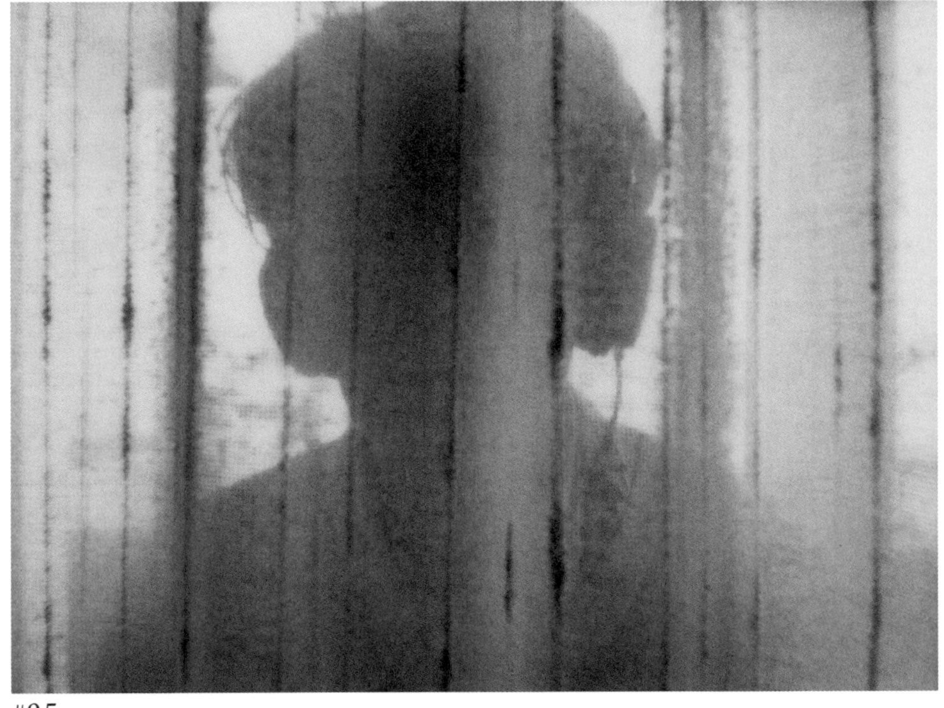
#9.5

Mario Alberto Dettori | Pattada (Sassari), 15/08/1948 | Grosseto, 31/03/1987

Marzo 2017

MARIO CIANCARELLA BARBARA DETTORI

Barbara è la figlia di Mario Alberto Dettori, il maresciallo che la notte del 27 giugno 1980 è di guardia al radar di Poggio Ballone dell'aeroporto di Grosseto.

La stessa notte in cui l'aereo DC-9 Itavia cade in mare nelle acque di Ustica e muoiono gli 81 occupanti del velivolo.

Il 31 marzo del 1987, Alberto viene ritrovato morto impiccato a un albero a pochi chilometri da Grosseto. Il caso viene frettolosamente archiviato come suicidio. La sua è una delle morti sospette legate alla strage di Ustica, contrassegnata da un iter giudiziario durato decenni, con indagini fallimentari, depistaggi e inquinamenti delle prove.

Prima di morire, Alberto condivide con sua moglie la preoccupazione sull'accaduto e telefona a Mario Ciancarella, capitano dell'Aeronautica Militare, comunicandogli di avere paura. Ciancarella riferirà le parole espresse al telefono da Alberto, il quale ha visto tutto e conosce la verità, ma sui singoli fatti non vengono riscontrate prove.

Nel 1983, a carico di Ciancarella, viene emesso un falso Decreto Presidenziale di radiazione per indegnità, documento che egli riceve via fax soltanto dieci anni più tardi. Il capitano, radiato, è ancora in attesa che venga fatta luce su quel decreto, la cui firma è stata riconosciuta come falsa, ma resta in attesa di futura udienza perché l'atto, secondo l'Avvocatura dello Stato, non può considerarsi nullo.

Ad affiancarlo nell'odissea giudiziaria l'Associazione Antimafie Rita Atria, vicina anche a Barbara, con la quale ha presentato un esposto alla Procura di Grosseto, che nel 2016 ha aperto un nuovo fascicolo sul caso della morte del padre.

#10

March 2017

MARIO CIANCARELLA
BARBARA DETTORI

Barbara is the daughter of Mario Alberto Dettori, the *maresciallo* on duty at the Poggio Ballone radar at the Grosseto Airport on the night of 27th June 1980.

The night the DC-9 Itavia jet crashes into the sea surrounding Ustica, killing all 81 people on board.

On 31st March 1987, Alberto was found hanging from a tree a few kilometres outside Grosseto. The case was hurriedly dismissed as a suicide – one of the suspicious deaths linked to the Ustica massacre, which was marked by decades-long legal proceedings that included ruinous inquiries, red herrings and evidence tampering.

Before his death, Alberto shared his concern over what had happened with his wife, and telephoned Italian Air Force Captain Mario Ciancarella to tell him he was afraid. Ciancarella would report Alberto's words – who had witnessed everything and thus knew the truth – but no evidence was found as to the individual facts.

In 1983, a false Presidential Decree for dishonourable discharge was issued against Ciancarella, who received the document via fax only ten years later. The discharged captain is still waiting for light to be cast on this decree, with its signature later revealed to be false. Yet he is still waiting for a future hearing, because – according to the State attorney general – the document cannot be considered void.

The Associazione Antimafie Rita Atria assisted him in his legal odyssey, as well as supporting Barbara by presenting a joint petition to the Public Prosecutor's Office of Grosseto, which opened a new file on her father's death in 2016.

Mars 2017

MARIO CIANCARELLA
BARBARA DETTORI

Barbara est la fille de Mario Alberto Dettori, le maréchal qui, la nuit du 27 juin 1980, est de garde au radar de Poggio Ballone de l'aéroport de Grosseto.

Cette même nuit, l'avion DC-9 Itavia s'abîme en mer près d'Ustica. Les 81 personnes présentes à bord de l'avion trouvent la mort.

Le 31 mars 1987, Alberto est retrouvé mort, pendu à un arbre à quelques kilomètres de Grosseto. L'affaire est rapidement classée comme suicide. Sa disparition fait partie des décès suspects liés à la tragédie d'Ustica, marquée par une procédure judiciaire qui a duré plusieurs dizaines d'années, jalonnée d'erreurs d'enquête, de fausses pistes et de preuves falsifiées.

Avant de mourir, Alberto fait part à sa femme de sa préoccupation concernant les événements et téléphone à Mario Ciancarella, capitaine de l'aéronautique militaire, pour lui exprimer ses craintes. Mario Ciancarella rapporte les mots d'Alberto, qui a tout vu et connaît la vérité, mais aucun élément de preuve n'est produit.

En 1983, un faux décret présidentiel de radiation pour indignité est émis à l'encontre de Mario Ciancarella, document que ce dernier ne reçoit par fax que dix ans plus tard. Le capitaine radié attend encore que lumière soit faite sur ce décret, dont la signature a été falsifiée. Cependant, selon le corps des avocats de l'État, l'acte de radiation ne peut être considéré comme nul et une nouvelle audience doit se tenir.

L'association Antimafie Rita Atria a accompagné Mario Ciancarella et Barbara Dettori pendant cette odyssée judiciaire et a présenté une plainte au Parquet de Grosseto qui, en 2016, a ouvert un nouveau dossier sur le décès d'Alberto Dettori.

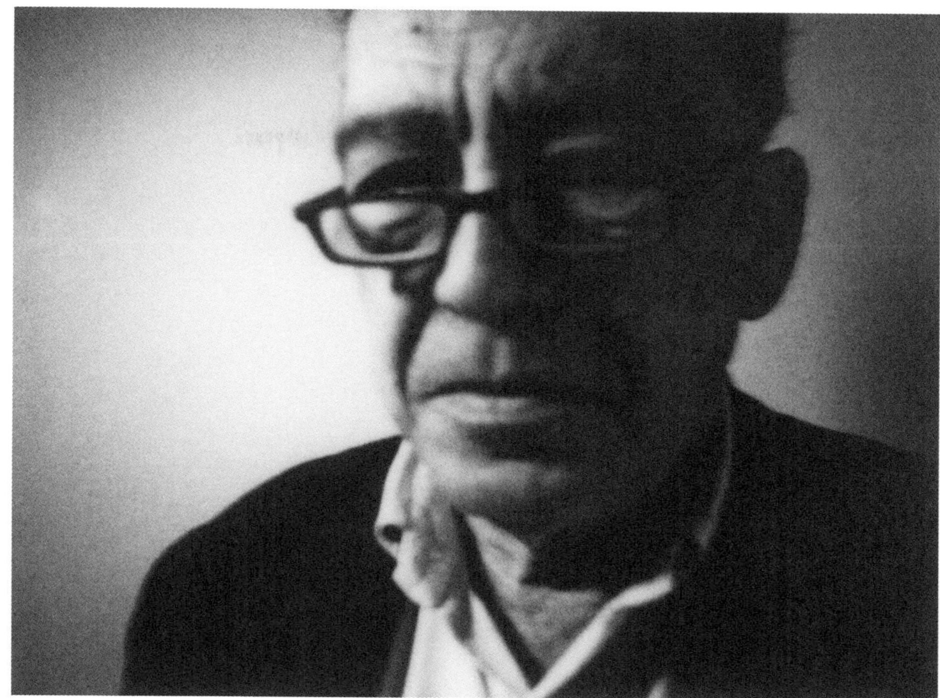

#10.1

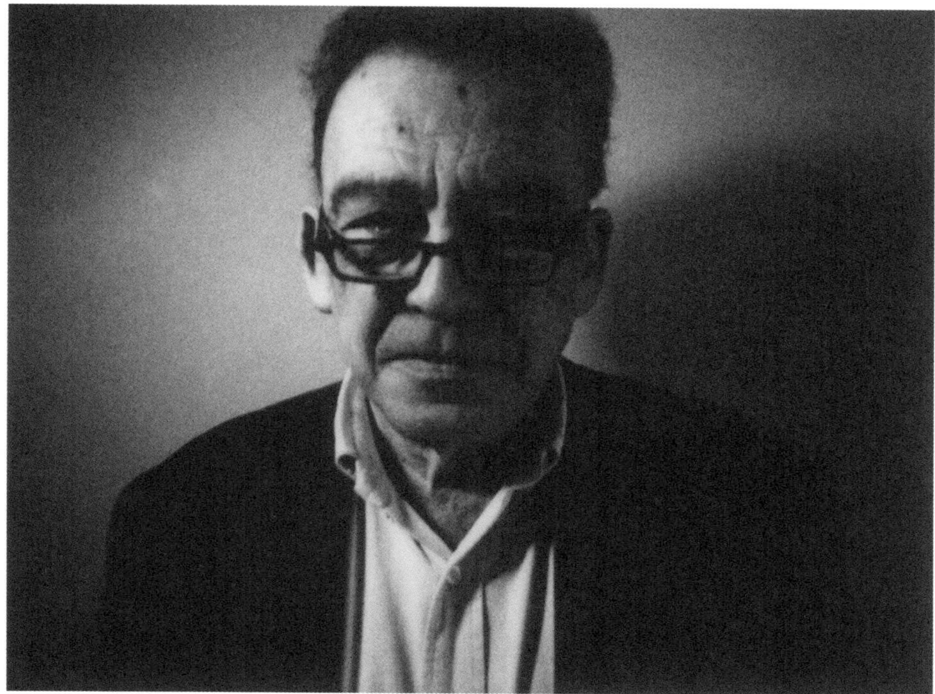

#10.2

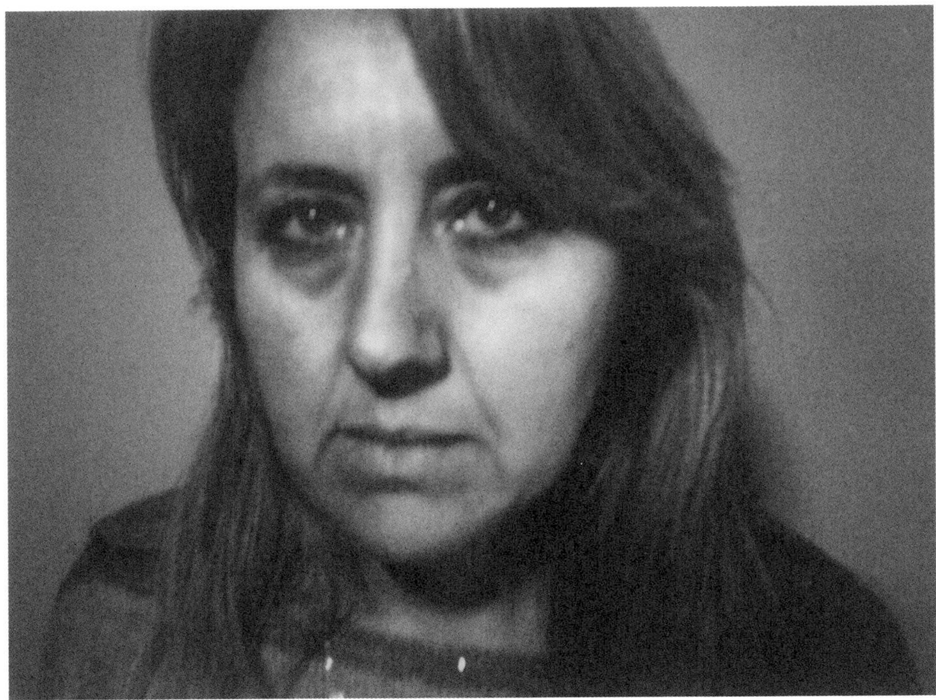
#10.3

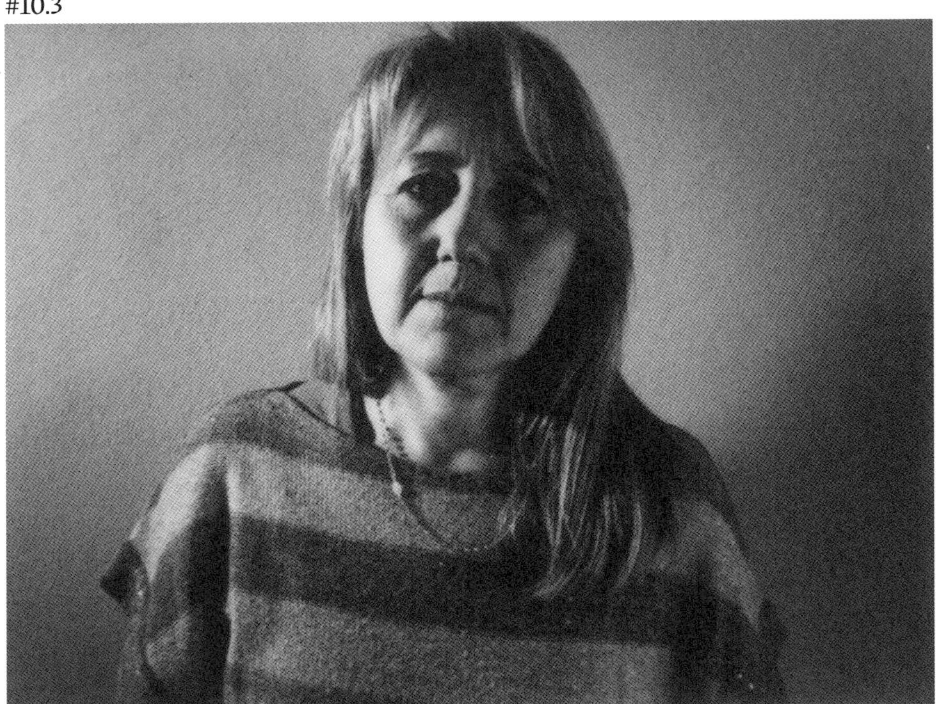
#10.4

Barbara Rizzo	Trapani, 22/04/1955	Pizzolungo (Trapani), 2/04/1985
Giuseppe Asta e/and/et Salvatore Asta	Erice (Trapani), 22/02/1979	

Marzo 2017

MARGHERITA ASTA (strage di Pizzolungo)

Margherita è figlia di Barbara e sorella di Giuseppe e Salvatore, investiti dall'esplosione che avrebbe dovuto colpire Carlo Palermo, all'epoca sostituto procuratore a Trapani, sopravvissuto all'attentato. La mamma di Margherita si trova in auto con i due fratelli gemelli per condurli a scuola; durante il tragitto, in prossimità dell'autobomba carica di tritolo, viene sorpassata da un'altra auto in cui viaggia il sostituto procuratore Palermo. In quel momento qualcuno preme il detonatore nella convinzione di centrare l'obiettivo, ma l'auto di Barbara fa da scudo.

Per Margherita e il padre Nunzio inizia un calvario giudiziario caratterizzato da depistaggi, indagini mai approfondite, prove occultate. Nel 2002, vengono condannati all'ergastolo Totò Riina, Vincenzo Virga e Antonino Madonia, riconosciuti tra i mandanti, ma gli esecutori non possono essere riprocessati perché già assolti con sentenza definitiva per il reato contestato.

A gennaio 2019 la Procura di Caltanissetta chiede al Gip il rinvio a giudizio del boss mafioso, Vincenzo Galatolo, quale mandante della strage. L'udienza preliminare si è svolta il 12 febbraio, data in cui ha avuto inizio il processo "Pizzolungo quater". Ad accusare Galatolo sono la figlia Giovanna e il pentito Francesco Onorato.

Oggi, il luogo teatro della strage è diventato Parco della memoria e della coscienza civile "Non ti scordar di me", sede del coordinamento provinciale trapanese dell'associazione antimafia Libera, di cui Margherita è membro attivo, e di un parco giochi per famiglie.

Giardini ed edifici scolastici, sparsi lungo il territorio italiano, sono stati dedicati ai suoi familiari, mentre non cessa il suo impegno per sensibilizzare i giovani alla cultura della legalità, in attesa della verità.

#11

March 2017

MARGHERITA ASTA
(Pizzolungo Massacre)

Margherita is the daughter of Barbara and the sister of Giuseppe and Salvatore, who were killed by the explosion meant for Carlo Palermo, who was deputy prosecutor of Trapani at the time, and survived the bombing. Margherita's mother was driving her twin sons to school that morning; on the way, as she passed the car-bomb loaded with TNT, she was overtaken by deputy prosecutor Palermo's car. That's when someone detonated the bomb, sure of hitting the target, but Barbara's car bore the brunt of the explosion.

Margherita and her father Nunzio found themselves facing a legal ordeal characterised by red herrings, superficial investigations and concealed evidence. In 2002, Totò Riina, Vincenzo Virga and Antonino Madonia were found guilty of ordering the crime and given a life sentence, but the executors couldn't be retried as they had already been acquitted with a final sentence for the crime they were charged with.

In January 2019, the Public Prosecutor's Office of Caltanissetta requested that the investigating magistrate commit Mafia boss Vincenzo Galatolo for trial for having ordered the bombing. The preliminary hearing was held the 12th February, when the "Pizzolungo quater" trial began. Galatolo was accused by his own daughter Giovanna and by state witness Francesco Onorato.

The scene of the bombing is now the *Parco della memoria e della coscienza civile "Non ti scordar di me"*, seat of the Trapani provincial section of the anti-mafia movement Libera, of which Margherita is an active member, and of a playground for families.

Gardens and school buildings all over Italy have been dedicated to her mother and brothers and, as she still waits for the truth, she works ceaselessly to raise awareness on the culture of legality among young people.

Mars 2017

MARGHERITA ASTA
(Massacre de Pizzolungo)

Margherita est la fille de Barbara et la sœur de Giuseppe et Salvatore, tous trois victimes de l'explosion qui avait pour cible Carlo Palermo, à l'époque substitut du procureur à Trapani, qui survit à l'attentat. La mère de Margherita est en voiture avec ses jumeaux, elle les conduit à l'école. Pendant le trajet, alors qu'elle arrive au niveau de la voiture piégée remplie de TNT, elle est doublée par un autre véhicule dans lequel se trouve Carlo Palermo. À cet instant précis, quelqu'un presse le détonateur dans l'intention de frapper la cible, mais le véhicule de Barbara sert de bouclier.

Pour Margherita et son père Nunzio, c'est un véritable calvaire judiciaire qui commence, ponctué de fausses pistes, d'enquêtes non approfondies et de preuves dissimulées. En 2002, Totò Riina, Vincenzo Virga et Antonino Madonia sont reconnus parmi les commanditaires de l'attentat et condamnés à perpétuité, mais les exécutants ne peuvent être rejugés puisqu'ils ont déjà été acquittés par jugement définitif pour ce crime.

En janvier 2019, le Parquet de Caltanissetta demande au juge chargé de l'instruction préparatoire le renvoi en jugement du boss mafieux Vincenzo Galatolo, commanditaire de l'attentat. L'audience préliminaire s'est tenue le 12 février, date du début du procès « Pizzolungo quater ». Vincenzo Galatolo est accusé par sa propre fille, Giovanna, et par le repenti Francesco Onorato.

Aujourd'hui, le lieu de l'attentat est devenu *Parco della memoria e della coscienza civile « Non ti scordar di me »*, il accueille le siège de la coordination de la province de Trapani de l'association antimafia Libera, dont Margherita est un membre actif, ainsi qu'une aire de jeux pour les familles.

Des parcs et des bâtiments scolaires ont été dédiés à sa mère et ses frères un peu partout en Italie, tandis que son engagement pour la sensibilisation des jeunes à la culture de la légalité ne faiblit pas, en attendant que vérité soit faite.

#11

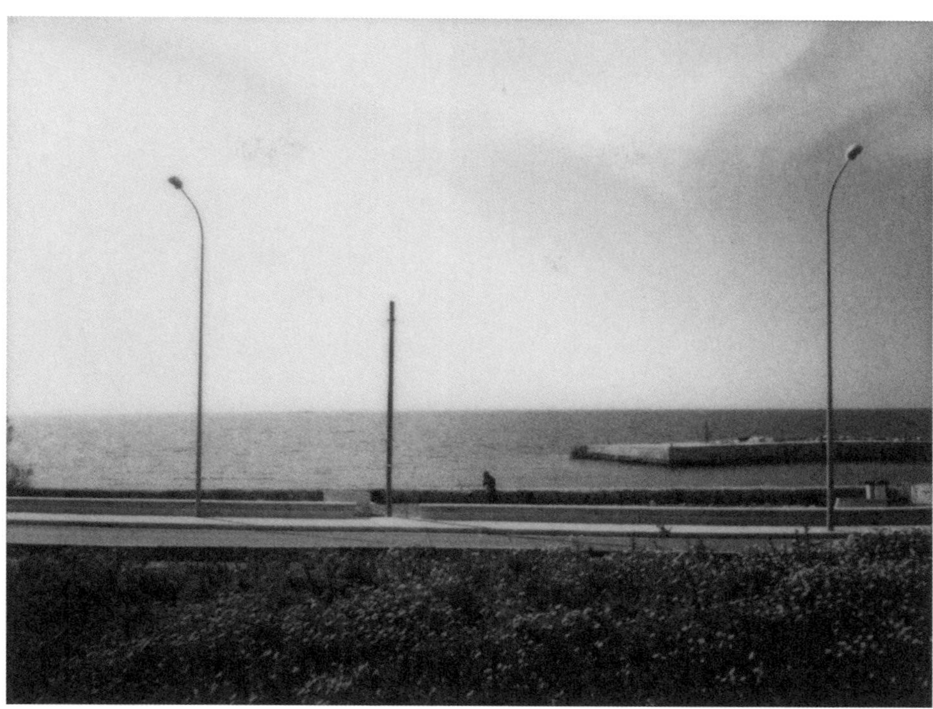
#11.1

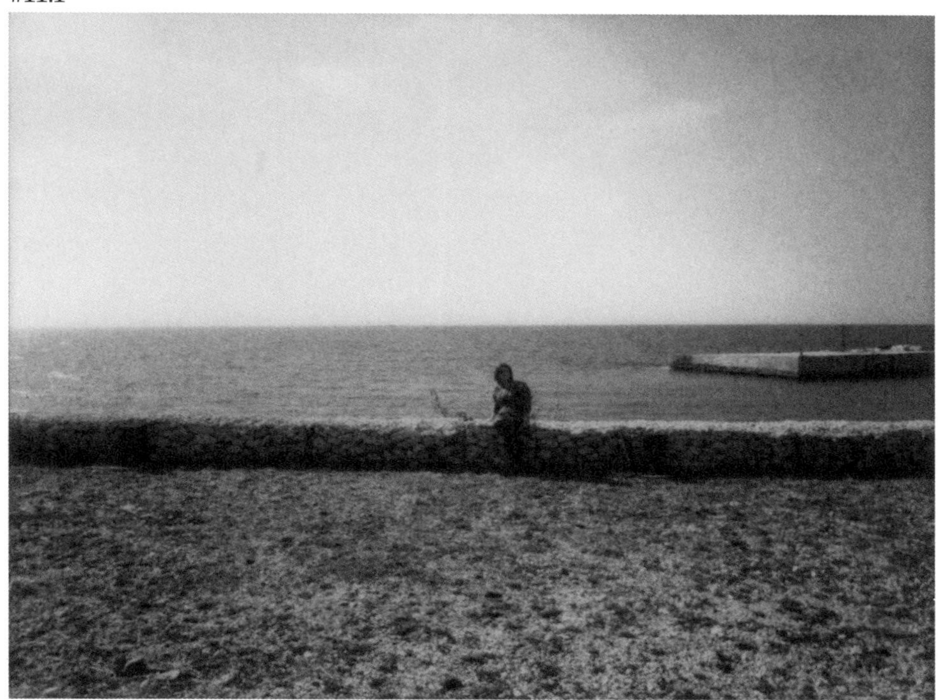
#11.2

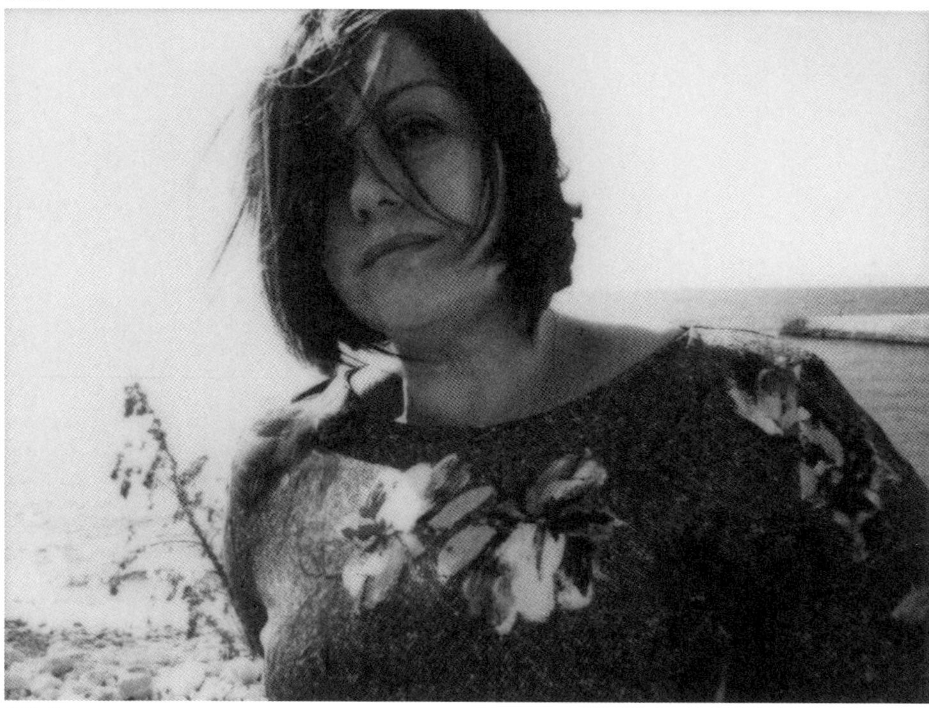
#11.3

Attilio Manca | San Donà di Piave, (Venezia), 20/02/1969 | Viterbo, 11/02/2004

Marzo 2017

GIOACCHINO MANCA
ANGELA GENTILE

Gioacchino e Angela sono i genitori di Attilio, medico urologo rinvenuto morto nella sua casa di Viterbo, secondo le prime indagini per suicidio da overdose, motivazione che ha giustificato l'archiviazione del caso.

Contro questa ricostruzione, i coniugi Manca si battono da anni con sospetti precisi, secondo i quali il giovane medico sarebbe stato ucciso per coprire la latitanza del boss Bernardo Provenzano, con cui era venuto in contatto nel 2003, dopo essere stato avvicinato dalla mafia di Barcellona Pozzo di Gotto (Messina), per assistere l'équipe medica della clinica La Ciotat di Marsiglia, durante un intervento alla prostata subìto dallo stesso Provenzano. Dalle motivazioni avanzate dai genitori contro la tesi del suicidio e da intercettazioni relativamente alle dichiarazioni di alcuni personaggi della malavita organizzata vicini a Provenzano emergono elementi che conducono, a fine 2008, alla riapertura del caso. Secondo le dichiarazioni del pentito Carmelo D'Amico, sarebbe Rosario Cattafi, capo della mafia di Barcellona Pozzo di Gotto, il responsabile della morte del medico, che lo avrebbe contattato per coinvolgerlo nell'intervento a Provenzano.

Nella seduta del 21 febbraio 2018, la Commissione parlamentare di inchiesta sul fenomeno delle mafie approva una relazione in cui dichiara di non avere evidenziato elementi sufficienti per ribaltare le risultanze raggiunte dall'autorità giudiziaria, avallando la sentenza del marzo 2017, con cui una donna veniva condannata per la cessione di dosi di eroina al medico.

Nel luglio del 2018 la Procura di Roma accoglie l'istanza di archiviazione del caso Manca, imputando definitivamente la morte di Attilio a overdose di eroina.

La famiglia Manca continua a credere che Attilio riceverà giustizia.

March 2017

GIOACCHINO MANCA
ANGELA GENTILE

Gioacchino and Angela are the parents of Attilio, a urologist who was found dead in his Viterbo home. Preliminary investigations ruled his death a suicide by overdose, which led to the case being dismissed.

The Mancas have been battling this reconstruction for years, convinced that the young physician was murdered so as to cover up the absconding of boss Bernardo Provenzano, whom he met in 2003, after being contacted by the Mafia of Barcellona Pozzo di Gotto (Messina) to assist the medical team of the La Ciotat clinic in Marseille during prostate surgery on Provenzano himself. The case was reopened in late 2008, due to the reasons put forward by Attilio's parents against the suicide theory, in addition to wiretaps concerning statements made by members of the world of crime close to Provenzano. According to statements made by state witness Carmelo D'Amico, the physician's death was ascribable to Rosario Cattafi – mafia boss of Barcellona Pozzo di Gotto – who had previously contacted him to assist in the operation on Provenzano.

During the session held on 21st February 2018, the *Commissione parlamentare di inchiesta sul fenomeno delle mafie* (Parliamentary Commission of Inquiry on the Mafia Phenomenon in Sicily) approved a report stating that it had not found sufficient elements to reverse the results found by the judicial authority, corroborating the March 2017 verdict, where a woman had been convicted of transferring doses of heroin to the physician.

In July 2018, the Rome prosecutor's office granted the application to dismiss the Manca case, definitively attributing Attilio's death to an overdose of heroine.

The Manca family still believes that justice will be done someday.

Mars 2017

GIOACCHINO MANCA
ANGELA GENTILE

Gioacchino et Angela sont les parents d'Attilio, un urologue retrouvé mort à son domicile de Viterbe. Les premières enquêtes concluent à un suicide par overdose, ce qui entraîne le classement de l'affaire.

Les époux Manca se battent depuis des années contre cette reconstitution : ils soupçonnent un meurtre commis pour couvrir la cavale du boss Bernardo Provenzano, avec lequel Attilio avait été en contact en 2003, après avoir été approché par la mafia de Barcellona Pozzo di Gotto, pour assister l'équipe médicale de la clinique La Ciotat de Marseille lors d'une intervention de la prostate subie par Bernardo Provenzano. Les motifs présentés par les parents d'Attilio contre la théorie du suicide et des écoutes téléphoniques impliquant les déclarations de certaines figures de la criminalité organisée proches de Bernardo Provenzano fournissent suffisamment d'éléments pour que l'enquête soit rouverte en 2008. Selon les déclarations du repenti Carmelo D'Amico, Rosario Cattafi, chef de la mafia de Barcellona Pozzo di Gotto, serait responsable de la mort du médecin, contacté pour participer à l'intervention de Bernardo Provenzano.

Lors de la séance du 21 février 2018, la Commission parlementaire d'enquête sur le phénomène des mafias approuve un rapport dans lequel elle déclare ne pas avoir recueilli suffisamment d'éléments pour renverser les conclusions établies par l'autorité judiciaire, avalisant ainsi la décision de mars 2017, qui condamnait une femme pour avoir vendu de l'héroïne au médecin.

En juillet 2018, le Parquet de Rome approuve la demande de classement de l'affaire Manca, imputant définitivement la mort d'Attilio à une overdose d'héroïne.

La famille Manca continue d'espérer que justice sera faite pour Attilio.

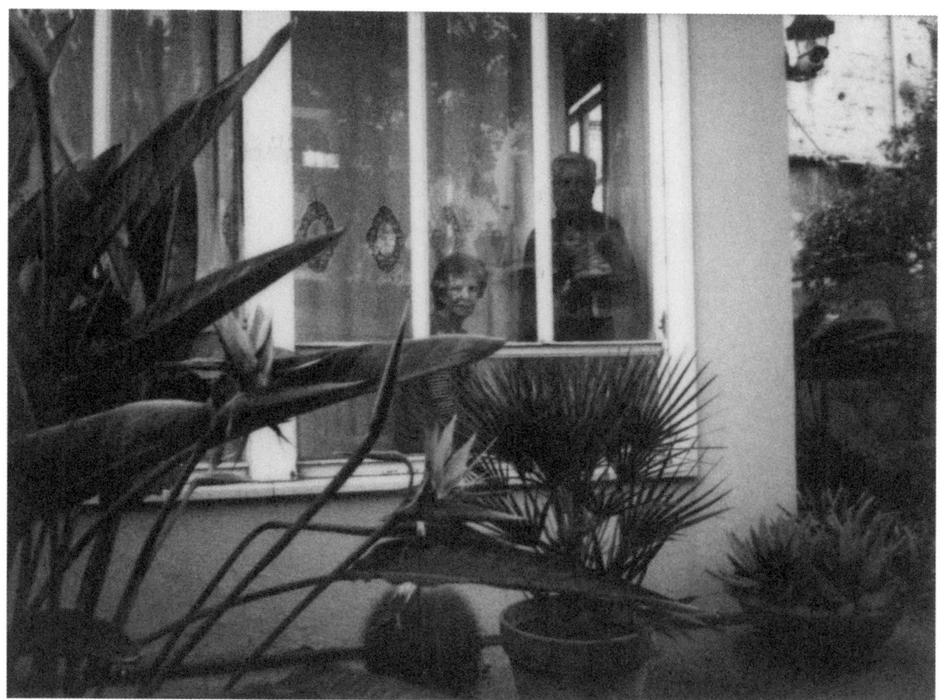
#12.1

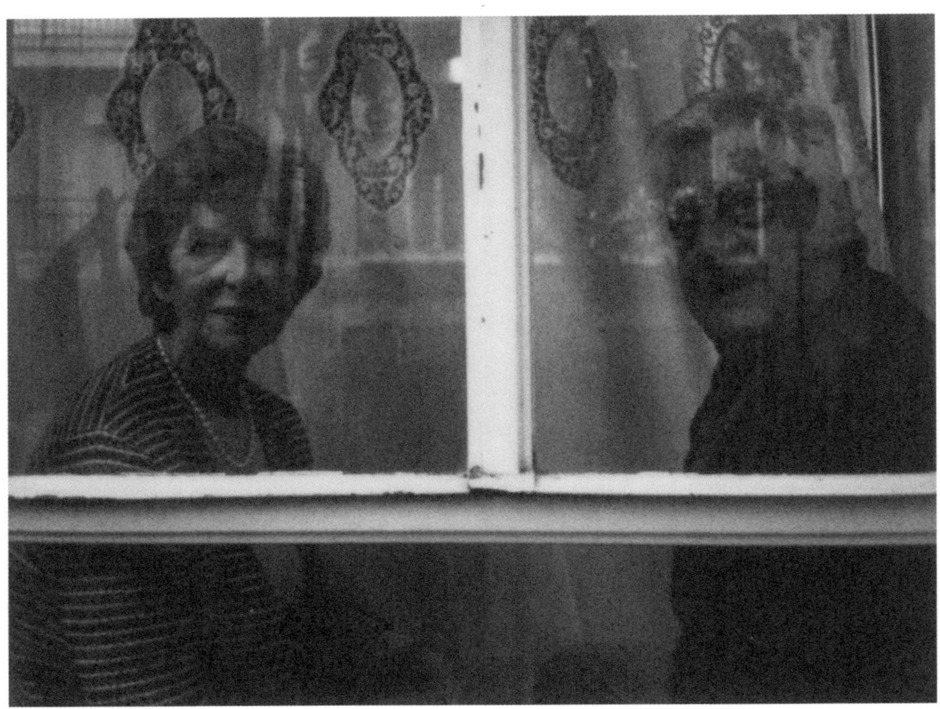

#12.2

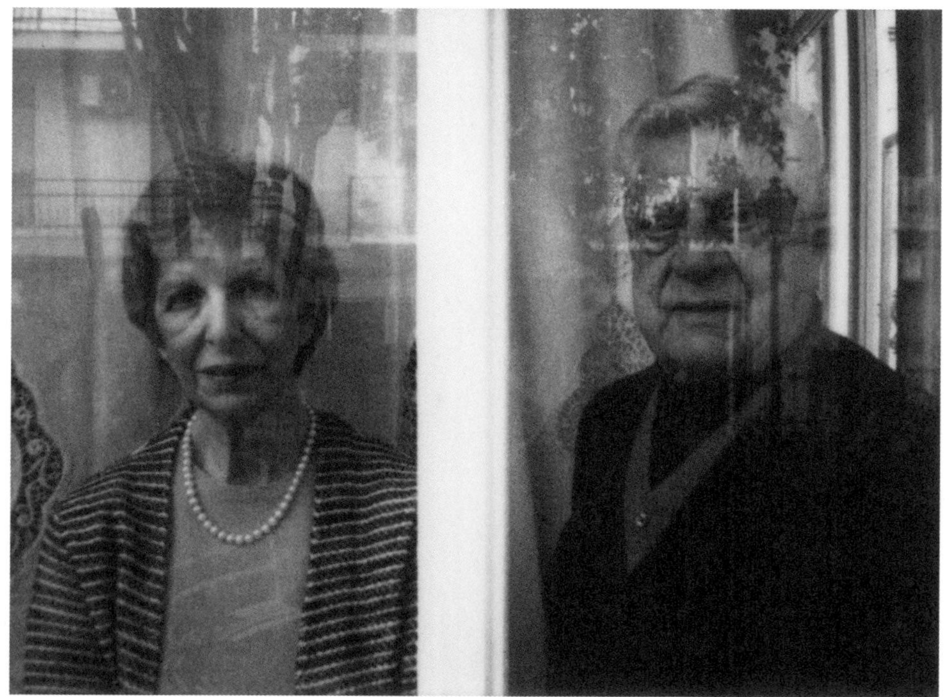
#12.3

Graziella Campagna | Saponara (Messina), 3/07/1968 | Villafranca Tirrena (Messina), 12/12/1985

Marzo 2017

PIETRO CAMPAGNA

Pietro è un carabiniere all'epoca dei fatti in servizio a Gioia Tauro (Reggio Calabria) e fratello maggiore di Graziella, sparita mentre attendeva l'autobus per rientrare a casa, dopo una giornata di lavoro nella lavanderia in cui prestava servizio. Il suo corpo martoriato da colpi di lupara viene rinvenuto due giorni più tardi nei pressi di Villafranca Tirrena e riconosciuto dal fratello.

Durante lo svolgimento delle proprie mansioni, Graziella aveva trovato all'interno degli abiti di un cliente documenti che ne rivelavano identità e informazioni. Si trattava di notizie relative a Gerlando Alberti junior e Giovanni Sutera, latitanti per associazione mafiosa e traffico di droga.

Per la famiglia Campagna e per Pietro in particolare, considerato un modello di integrità, ha inizio un calvario interminabile contrassegnato da depistaggi, lungaggini processuali, indagini riaperte, per arrivare con il 18 marzo del 2009 alla conclusione del processo che aveva visto già la condanna all'ergastolo per i due ex latitanti e quella di favoreggiamento per la titolare della lavanderia Franca Federico, per suo marito, suo fratello e sua cognata.

Durante lo stesso anno, Gerlando Alberti Jr viene riportato in carcere dopo un periodo di scarcerazione per presunti motivi di salute. Nel frattempo Giovanni Sutera gode della libertà condizionale. Solamente a marzo del 2018, quando quest'ultimo viene arrestato per altri reati legati al traffico di droga, la famiglia Campagna apprende che uno degli uomini colpevoli dell'omicidio di Graziella era da tempo in stato di semilibertà.

Con il film realizzato per la televisione italiana *La vita rubata*, ispirato alla vicenda di Graziella, viene messa in luce la tenacia di Pietro nel corso delle indagini sul caso e il suo costante impegno nella lotta contro la mafia.

March 2017

PIETRO CAMPAGNA

A *carabiniere* on duty in Gioia Tauro (Reggio Calabria) at the time of the events, Pietro was the older brother of Graziella, who disappeared as she was waiting for the bus that would take her home after a day's work at the cleaner's where she was employed. Her body was found two days later, riddled with shots from a *lupara*, near Villafranca Tirrena and identified by her brother.

While carrying out her duties, Graziella had found documents revealing a customer's identity hidden in his clothing, as well as information concerning Gerlando Alberti Jr and Giovanni Sutera, fugitives due to their Mafia ties and drug trafficking.

The Campagna family and especially Pietro, seen as a model of integrity, embarked on a never-ending ordeal marked by red herrings, lengthy trials and reopened investigations culminating, on 18th March 2009, in the conclusion of the trial that had already issued a life sentence to the two former absconders and convicted the owner of the cleaner's, Franca Frederico, and her husband, brother and sister-in-law, of aiding and abetting. The same year, Gerlando Alberti Jr was jailed again following a previous release from prison due to alleged health reasons. Meanwhile, Giovanni Sutera had been released on parole. Only in March 2018, when the latter was arrested for other crimes linked to drug trafficking, did the Campagna family learn that one of the men responsible for Graziella's death had been on parole for a while.

Inspired by Graziella's story, the Italian television film *La vita rubata* ("A Stolen Life") highlights Pietro's perseverance throughout the investigations and his ceaseless commitment to the fight against the Mafia.

Mars 2017

PIETRO CAMPAGNA

Carabinier de profession, Pietro est en service à Gioia Tauro (province de Reggio de Calabre) au moment des faits. Il est le frère aîné de Graziella, qui disparaît un soir de décembre après sa journée de travail dans la blanchisserie où elle est employée, alors qu'elle attend le bus pour rentrer chez elle. Le corps de la jeune fille, tuée de plusieurs coups de fusil, est retrouvé deux jours plus tard près de Villafranca Tirrena et reconnu par son frère.

Pendant l'exercice de ses fonctions à la blanchisserie, Graziella avait trouvé dans les vêtements d'un client des documents qui révélaient l'identité de ce dernier ainsi que d'autres renseignements. Ces informations concernaient Gerlando Alberti junior et Giovanni Sutera, fugitifs recherchés pour association mafieuse et trafic de drogue.

La famille Campagna, et notamment Pietro, modèle absolu de droiture, plongent alors dans un interminable calvaire marqué par les fausses pistes, les lenteurs de procédure et les réouvertures d'enquête, pour aboutir le 18 mars 2009 à la conclusion du procès, au cours duquel les deux anciens fugitifs ont été condamnés à perpétuité tandis que Franca Federico, la gérante de la blanchisserie, son mari, son frère et sa belle-sœur ont été condamnés pour complicité.

Cette même année, Gerlando Alberti junior retourne en prison après une période de mise en liberté due à des problèmes de santé. Entretemps, Giovanni Sutera bénéficie de la liberté conditionnelle. C'est seulement en mars 2018, lorsque ce dernier est arrêté pour d'autres délits liés au trafic de drogue, que la famille Campagna apprend que l'un des hommes coupables de l'homicide de Graziella se trouvait depuis longtemps en semi-liberté.

Le téléfilm italien *La vita rubata*, inspiré de l'histoire de Graziella, met en lumière la ténacité de Pietro au cours de l'enquête et son dévouement inlassable dans la lutte contre la mafia.

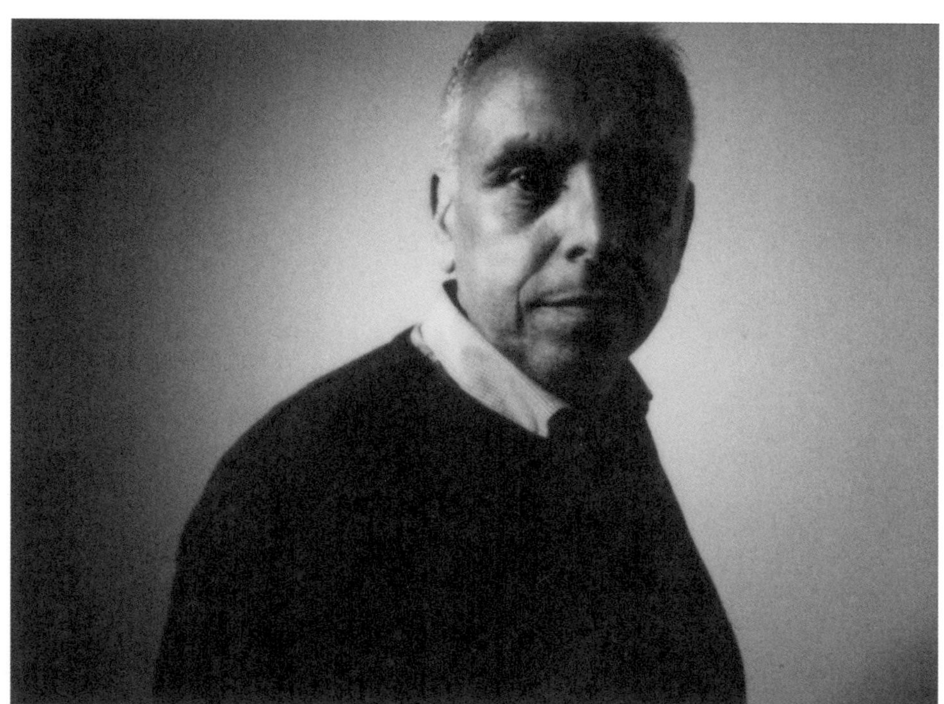

#13.1

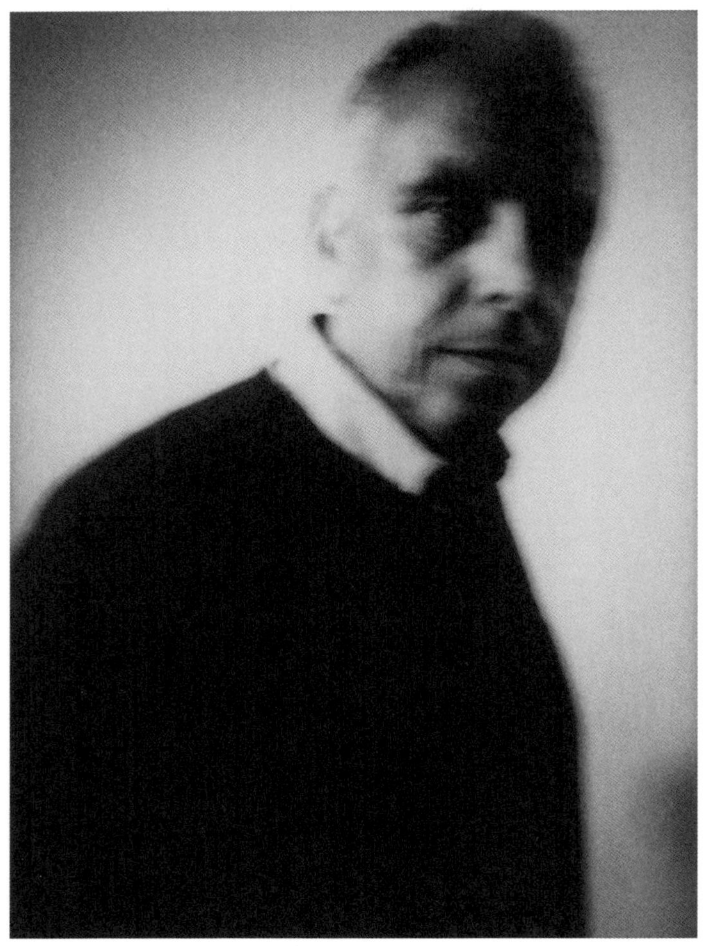

#13.2

Enrico Castellano | Ostuni (Brindisi), 1/01/1942 | Corato (Bari), 12/07/2016

Aprile 2017

DANIELA CASTELLANO

Daniela è la figlia di Enrico Castellano, tra le 23 vittime del disastro ferroviario avvenuto il 12 luglio del 2016 nella tratta Barletta-Andria, in cui altre 50 persone rimangono ferite.

Due convogli si trovavano a viaggiare sullo stesso binario in direzioni opposte e, a causa di errate e mancate informazioni nella comunicazione tra personale di bordo e personale di terra, non è stato possibile evitare l'impatto.

Daniela, con alcuni dei familiari delle vittime, fonda ASTIP - Associazione Strage Treni in Puglia 12 luglio 2016, di cui è presidente, con lo scopo di ricercare i responsabili, denunciando l'indifferenza dello Stato rispetto agli accadimenti e le mancanze in termini di adeguamento delle infrastrutture ferrotramviarie di quella tratta della Puglia.

A settembre del 2018 viene assegnato a Daniela il premio "Iustitia", in memoria del giudice Rosario Livatino, riconoscendola infaticabile promotrice delle tante iniziative volte ad accertare le responsabilità della tragedia.

In memoria di suo padre l'Università degli Studi di Bari "Aldo Moro" istituisce un concorso per l'assegnazione di due premi alle migliori tesi discusse su un tema di psicologia giuridica.

In seguito alla prima udienza preliminare, per la Procura di Trani il disastro sarebbe avvenuto per errore umano, imperizia e non adeguamento dei parametri di sicurezza.

A dicembre del 2018 vengono rinviati a giudizio 18 imputati: Ferrotramviaria, la società che gestiva la tratta ferroviaria del Nord Barese, e 17 persone tra dirigenti e dipendenti della stessa società e del Ministero dei Trasporti, accusati di disastro ferroviario, omicidio colposo, lesioni gravi colpose, omissione dolosa di cautele, violazione delle norme sul lavoro e falso. La prima udienza del processo è fissata per il 28 marzo 2019.

April 2017

DANIELA CASTELLANO

Daniela is the daughter of Enrico Castellano, one of the casualties of the train collision that occurred on 12th July 2016 on the Barletta-Andria railway, killing 23 and injuring 50. Two trains were travelling in opposite directions on a single-track section; the collision was unavoidable, due to incorrect and missing information in the communications between the train staff and ground crew.

Daniela is the president of ASTIP - Associazione Strage Treni in Puglia 12 luglio 2016, an organisation that she founded with the relatives of other victims with the aim of searching for the guilty parties, while denouncing the indifference of the State as regards the events, as well as the shortcomings in terms of conforming the railway and tramway infrastructures on that section in the Apulia region.

In September 2018, Daniela received the *Iustitia* award in memory of magistrate Rosario Livatino, in recognition of her role as indefatigable promoter of the countless initiatives aimed at establishing responsibility for the tragedy.

The University of Bari "Aldo Moro" set up two awards in her father's name for the best dissertations defended in the sphere of legal psychology.

Following a preliminary hearing, the Trani court decided that the disaster was ascribable to human error, malpractice and the non-conformity to safety standards.

18 defendants were committed for trial in December 2018: Ferrotramviaria, the railway company that manages the Ferrovie del Nord Barese network, and 17 people between managers and employees of the same company and of the Ministry of Transport, with the following accusations: railway disaster, manslaughter, culpable injuries, malicious omission of precautions, violation of workplace regulations and forgery. The first hearing is set for 28th March 2019.

Avril 2017

DANIELA CASTELLANO

Daniela est la fille d'Enrico Castellano, l'une des 23 victimes de la catastrophe ferroviaire survenue le 12 juillet 2016 sur le tronçon Barletta-Andria, lors de laquelle 50 autres personnes ont été blessées.

Deux trains voyageaient sur la même voie dans des directions opposées et, à cause d'informations erronées et manquantes lors de la communication entre le personnel de bord et le personnel au sol, l'impact n'a pu être évité.

Avec certains proches des victimes, Daniela fonde ASTIP – Associazione Strage Treni in Puglia 12 luglio 2016, dont elle est présidente, dans le but d'identifier les responsables de la catastrophe, en dénonçant l'indifférence de l'État vis-à-vis des événements et les manquements en matière d'adaptation des infrastructures des chemins de fer et des tramways de ce tronçon de la région des Pouilles.

En septembre 2018, Daniela reçoit le prix *Iustitia* instauré en mémoire du juge Rosario Livatino, qui salue son infatigable engagement dans la promotion de nombreuses initiatives visant à déterminer les responsabilités de la tragédie.

En mémoire de son père, l'université « Aldo Moro » de Bari crée un concours décernant deux prix aux meilleurs mémoires présentés sur un thème de psychologie juridique.

Après la première audience préliminaire, le Parquet de Trani considère que la catastrophe est due à une défaillance humaine, à une maladresse et à la non-adéquation des paramètres de sécurité.

En décembre 2018, 18 inculpations sont formulées à l'égard de Ferrotramviaria, la société qui gérait le tronçon ferroviaire du nord de Bari, et de 17 personnes parmi lesquelles des dirigeants et des employés de cette même société et du ministère des Transports, accusés de catastrophe ferroviaire, d'homicide involontaire, de blessures involontaires, d'omission volontaire de mesures de sécurité, de violation du droit du travail et de faux. La première audience du procès est fixée au 28 mars 2019.

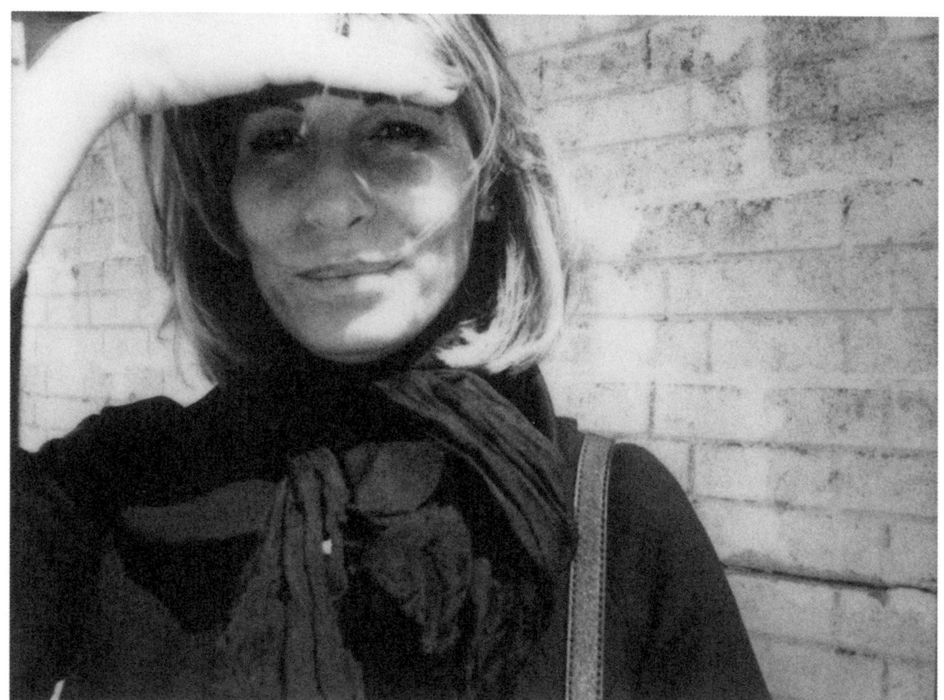

#14.1

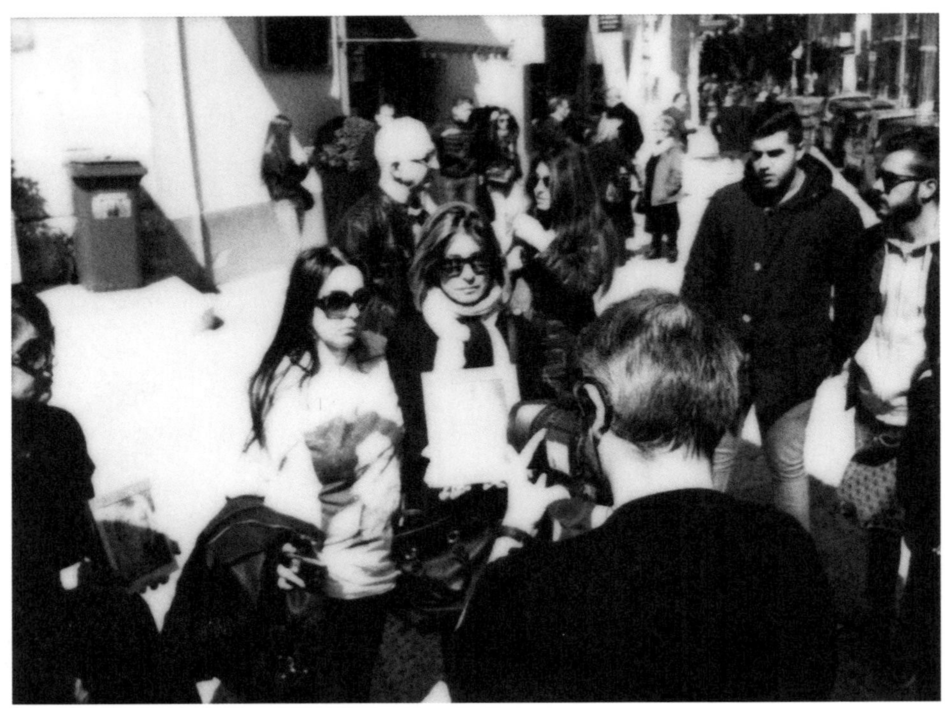

#14.2

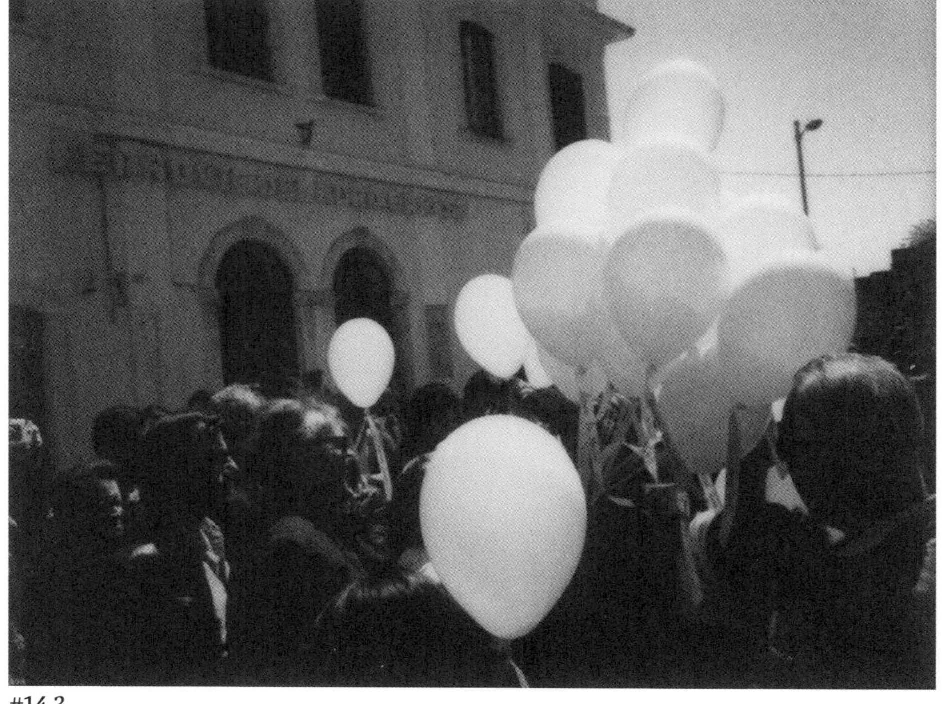

#14.3

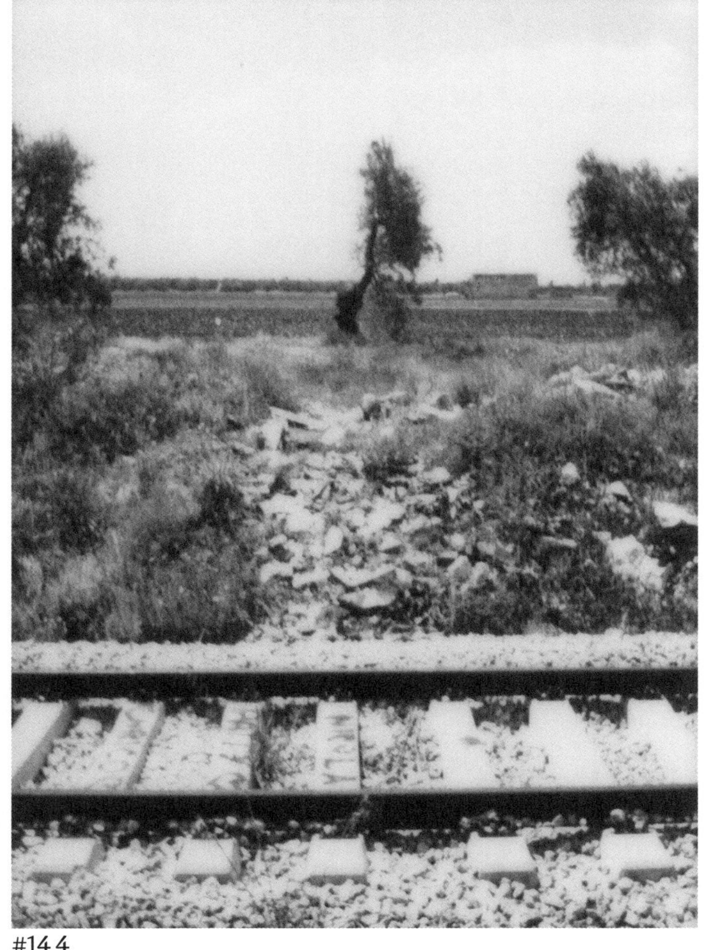

#14.4

Giuseppe Corisi

Taranto,
11/10/1947

Taranto,
8/03/2012

Aprile 2017

SABRINA CORISI

Sabrina è la figlia di Giuseppe Corisi, deceduto per neoplasia polmonare dopo trent'anni trascorsi come operaio presso l'Italsider-Ilva di Taranto, il maggior stabilimento per la lavorazione dell'acciaio in Europa. La sua è la storia di tante famiglie del luogo, colpite da patologie legate al disastro ambientale provocato dall'impianto siderurgico, di cui si è presa coscienza in questi ultimi anni, attraverso denunce e indagini che hanno condotto al sequestro dell'impianto tarantino, disposto dalla magistratura italiana nel 2012, insieme alle misure cautelari nei confronti di alcuni indagati ai vertici dell'azienda. Questi ultimi, condannati in primo grado per omicidio colposo di 31 operai, sono stati assolti per prescrizione nel processo di appello, tranne cinque che attendevano il pronunciamento della Corte di Cassazione previsto per il 5 febbraio 2019. A ventiquattro ore dalla sentenza attesa, come si legge nella motivazione della Corte, la Cassazione ha notificato il rinvio per "omessa notifica agli imputati non ricorrenti".

Parallelamente all'iter giudiziario italiano, a gennaio 2019 la Corte Europea dei Diritti Umani si è espressa condannando il Governo Italiano per non aver adottato le misure necessarie a garantire la salute della popolazione e a provvedere al pagamento di 5.000 euro di risarcimento a ciascuna delle 180 persone che hanno sollevato il caso alla Corte.

Prima di morire, Giuseppe Corisi chiese di posizionare in via De Vincentis, nel quartiere Tamburi dove viveva, una targa divenuta simbolo della vicenda, con questa frase: "Nei giorni di vento Nord-Nord/Ovest veniamo sepolti da polveri di minerale e soffocati da esalazioni di gas provenienti dalla zona industriale 'Ilva'. Per tutti questi, gli stessi 'maledicono' coloro che possono fare e non fanno nulla per riparare". Nonostante le promesse di sospensione delle attività da parte dell'attuale governo, lo stabilimento siderurgico è ancora operativo come ArcelorMittal.

April 2017

SABRINA CORISI

Sabrina is the daughter of Giuseppe Corisi, who died of pulmonary neoplasia after thirty years as a factory worker at the Italsider-Ilva in Taranto, the largest steelworking plant in Europe. His story epitomizes that of many local families affected by diseases linked to the environmental disaster caused by the steelworks. The scope of the disaster has come to public attention in recent years via lawsuits and inquiries that led to the sequestration of the Taranto establishment arranged by the Italian judiciary in 2012, as well as to the precautionary measures against some of the top-level managers under investigation. The latter, convicted in the first degree of the negligent homicide of 31 factory workers, were acquitted due to a limitation of the appeal, except five who were awaiting the Court of Cassation ruling set for 5th February 2019. Twenty-four hours after the ruling, the Cassation served a committal for trial for "omitted notification of the non-petitioning defendants", as stated in the Court's statement of reasons.

In parallel with the Italian legal proceedings, in January 2019 the European Court of Human Rights condemned the Italian Government for not having adopted the necessary measures to ensure the safety of its population. The Italian Government was sentenced to pay € 5,000 in compensation to each of the 180 people who had brought the case before the Court.

Before his death, Giuseppe Corisi requested that a plaque be placed on via De Vicentis, in the Tamburi neighbourhood where he lived. The plaque, which has come to symbolise the events, says: "When the wind blows from the North and the Northwest, we're buried in mineral dust and smothered by toxic fumes from the 'Ilva' industrial area. In their name, we 'curse' those who can, yet don't do anything to make up for it". The steelworks are still operating, despite the current government's assurances that activities would be halted as ArcelorMittal.

Avril 2017

SABRINI CORISI

Sabrina est la fille de Giuseppe Corisi, décédé d'un cancer des poumons après avoir travaillé pendant trente ans comme ouvrier pour l'Italsider-Ilva de Tarente, la plus grande usine d'acier d'Europe. Son histoire est celle de nombreuses familles de la région, touchées par des pathologies liées à la catastrophe environnementale dont l'usine sidérurgique est responsable. Ces dernières années ont été marquées par une forte prise de conscience de ce désastre, à travers des dénonciations et des enquêtes qui ont conduit à la mise sous séquestre de l'usine de Tarente, ordonnée par la magistrature italienne en 2012, en même temps que des mesures conservatoires à l'égard de certains dirigeants de l'entreprise mis en examen. Ces derniers, condamnés en première instance pour l'homicide involontaire de 31 ouvriers, ont été acquittés pour prescription lors du procès d'appel, excepté cinq d'entre eux qui attendaient l'arrêt de la Cour de cassation prévu pour le 5 février 2019. Cependant, la veille du jugement attendu la Cour de cassation a notifié le renvoi de l'audience pour « omission de notification aux accusés non requérants ».

Parallèlement à la procédure judiciaire italienne, en janvier 2019 la Cour européenne des droits de l'homme s'est exprimée en condamnant le gouvernement italien pour ne pas avoir adopté les mesures nécessaires pour garantir la santé de la population et en lui intimant de procéder au versement de 5000 € de dédommagement à chacune des 180 personnes ayant porté l'affaire devant la Cour.

Avant de mourir, Giuseppe Corisi a demandé à ce qu'une plaque soit apposée dans la via De Vincentis, au cœur du quartier Tamburi où il habitait. Devenue le symbole de cette affaire, on peut y lire ces mots : « Les jours où souffle le vent du nord/nord-ouest, nous sommes ensevelis sous la poussière de minerai et étouffés par des émissions de gaz provenant de la zone industrielle Ilva. Nous "maudissons" alors ceux qui pourraient agir mais n'agissent pas pour remédier à cela ». Malgré la promesse du gouvernement actuel de suspendre les opérations, l'usine sidérurgique est toujours en activité comme ArcelorMittal.

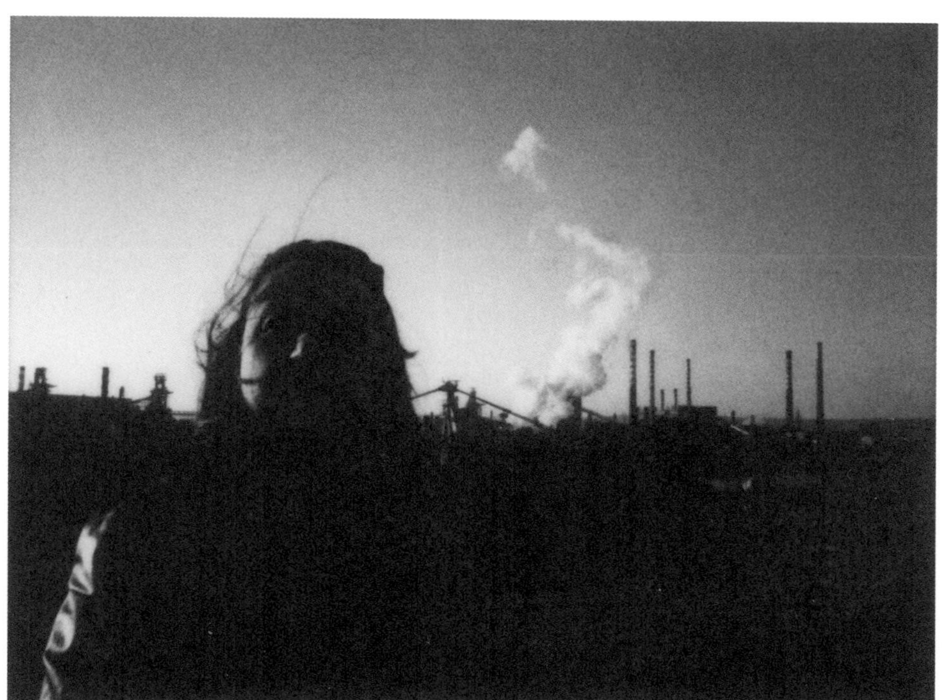
#15.1

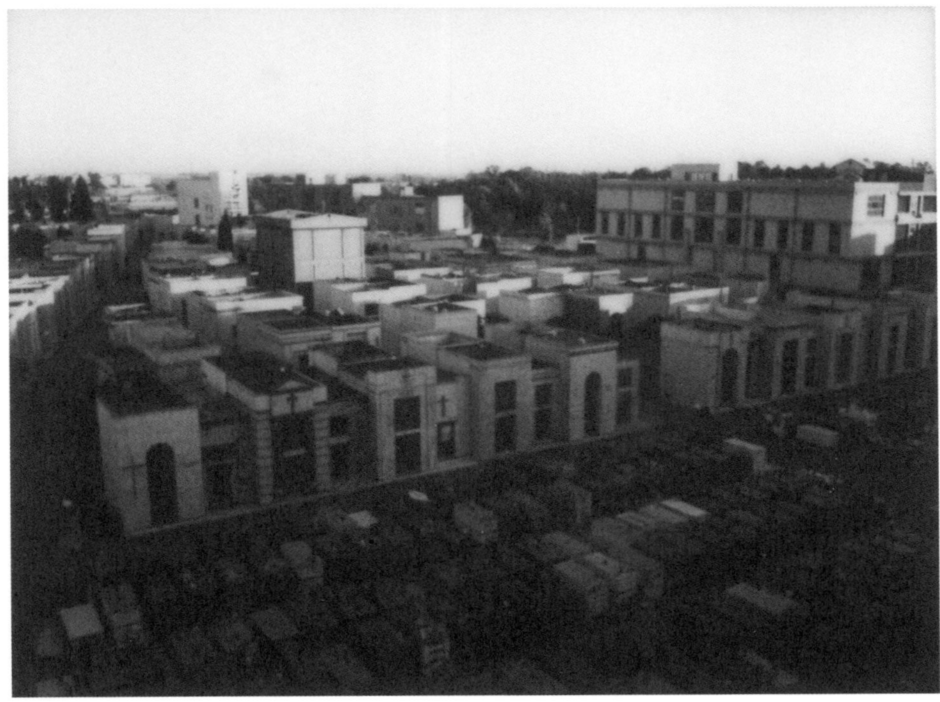
#15.2

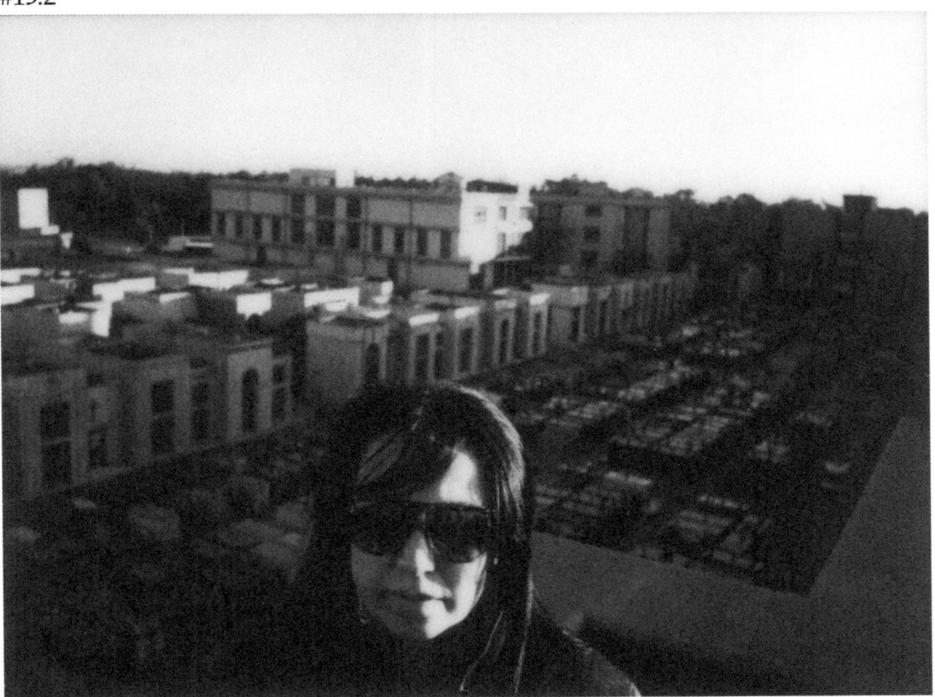
#15.3

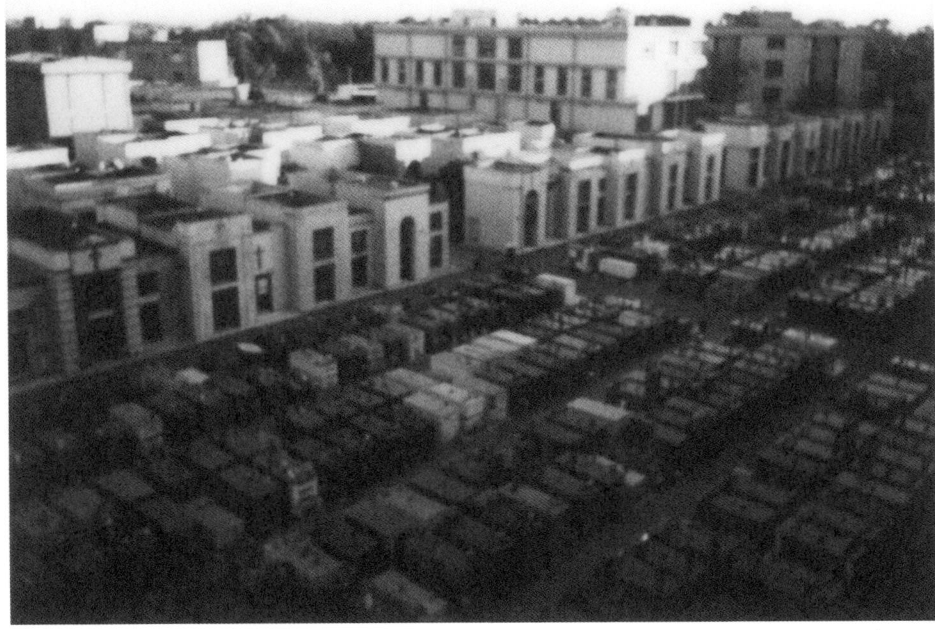
#15.4

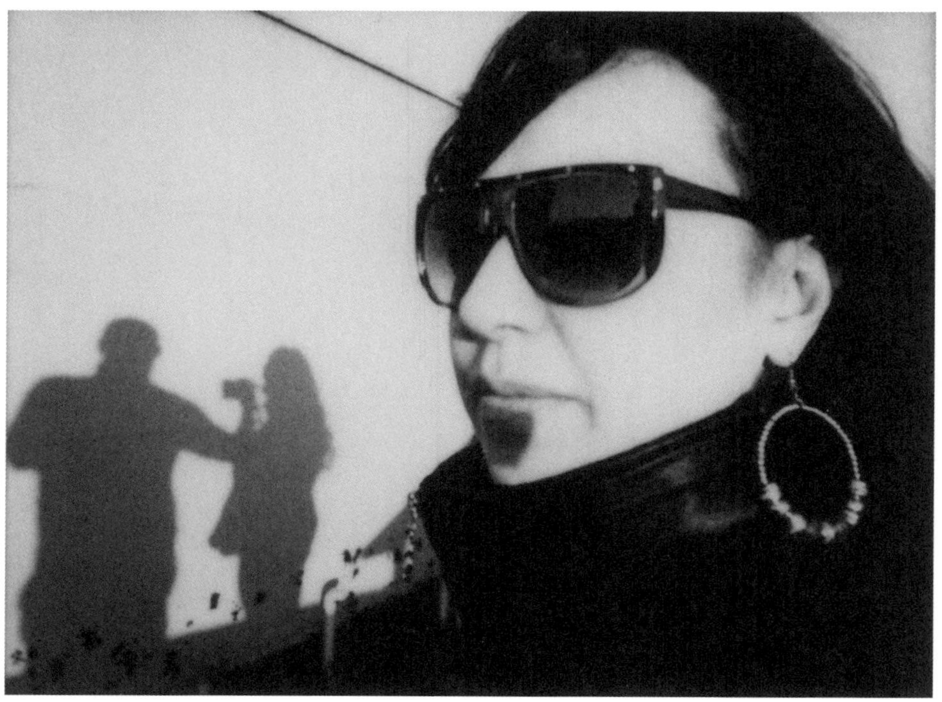

#15.5

Francesco Rinaldelli | Recanati (Macerata), 25/09/1983 | Civitanova Marche (Macerata), 16/03/2008

Aprile 2017

ANDREA RINALDELLI

Andrea è il padre di Francesco Rinaldelli, alpino morto a 26 anni a causa di un linfoma di Hodgkin dopo aver prestato servizio al petrolchimico di Porto Marghera (Venezia), nel periodo di maggiori emissioni di diossina. Da accurate analisi effettuate dopo il decesso, emerge che i livelli di mercurio e alluminio nel sangue di Francesco erano elevati, con conseguente indebolimento del sistema immunitario. Per Andrea il linfoma di cui si è ammalato suo figlio è legato a una eccessiva somministrazione di dosi vaccinali durante il servizio militare a Cividale del Friuli e a conseguente esposizione a diossina, nella permanenza a Porto Marghera.

Il padre, con alcuni genitori di altre vittime, fonda il movimento Genitori per la vita, organizza una raccolta di firme per richiedere al Ministero della Difesa garanzie sul rispetto dei protocolli in materia di vaccinazione e per far chiarezza sui casi dei militari ammalati.

Per tre volte il Ministero respinge la richiesta di Andrea, negando qualunque tipo di correlazione tra gli elementi, ma Rinaldelli procede con un ricorso al TAR - Tribunale Amministrativo Regionale del Friuli, che viene accolto, cancellando il diniego proveniente dal comitato di verifica del Ministero e chiedendo un riesame delle argomentazioni, con specifico riguardo alla somministrazione dei vaccini senza adeguata anamnesi e senza rispettare i tempi tra un vaccino e l'altro.

Lo stesso TAR a febbraio del 2015 si pronuncia a favore di altri militari che si sono ammalati a causa dei ripetuti e ravvicinati cicli vaccinali somministrati durante il periodo di servizio.

Per Andrea è la spinta a continuare la propria battaglia volta al riconoscimento della tutela della salute in ambito militare e finalizzata all'introduzione di una normativa chiara in materia.

#16

April 2017

ANDREA RINALDELLI

Andrea is the father of Francesco Rinaldelli, a member of the Italian Alpine troops who died of Hodgkin's lymphoma at the age of 26 after serving at the petrochemical plant of Porto Marghera (Venice) at the time when dioxin emissions were at their highest. Detailed analyses carried out after his death showed high levels of mercury and aluminium in Francesco's blood, resulting in a weakened immune system. This convinced Andrea that the lymphoma that killed his son was linked to the excessive vaccinations that took place during Francesco's military service in Cividale del Friuli and the resulting exposure to dioxins during his term in Porto Marghera.

Together with the parents of other casualties, his father founded the movement Genitori per la vita, and began collecting signatures demanding that the Ministry of Defence guarantee the observance of vaccination protocols, with the further aim of shedding light on the cases of servicemen who had fallen ill.

The Ministry rejected Andrea's claim three times, denying any type of correlation between the factors, but Rinaldelli appealed to the TAR (Regional Administrative Court) of Friuli; his appeal was upheld, thus voiding the rejection expressed by the Ministry's inspection committee and calling for a re-examination of the arguments specifically with regard to vaccinations without due medical history and not respecting the proper timing between vaccines.

In February 2015, the TAR declared itself in favour of other servicemen who became ill following vaccine cycles administered repeatedly and close together over the course of their military service.

This spurred Andrea to carry on his own battle for the recognition of health protection in the military environment and aimed at introducing clear-cut regulations on the subject.

Avril 2017

ANDREA RINALDELLI

Andrea est le père de Francesco Rinaldelli, chasseur alpin mort à 26 ans d'un lymphome de Hodgkin après avoir prêté service sur le site pétrochimique de Porto Marghera, au moment où les émissions de dioxine étaient les plus fortes. Selon des analyses approfondies réalisées après le décès, les niveaux sanguins de mercure et d'aluminium étaient élevés, ce qui aurait entraîné l'affaiblissement du système immunitaire de Francesco. Pour Andrea, le lymphome qui a touché son fils est la conséquence directe de l'administration excessive de doses de vaccins lors du service militaire de Francesco à Cividale del Friuli et de l'exposition à la dioxine pendant ses fonctions à Porto Marghera.

Avec l'aide des parents d'autres victimes, Andrea fonde le mouvement *Genitori per la vita* (Parents pour la vie) et organise une collecte de signatures pour demander au ministère de la Défense des garanties quant au respect des protocoles en matière de vaccination et pour que lumière soit faite sur les cas de militaires ayant contracté des maladies.

Le ministère a rejeté trois fois la demande d'Andrea, niant tout type de relation de cause à effet entre les événements, mais ce dernier dépose un appel auprès du TAR – tribunal administratif régional du Frioul, qui aboutit : le refus du comité de vérification du ministère est ainsi annulé et un réexamen des argumentations est requis, notamment en ce qui concerne l'administration des vaccins sans anamnèse adéquate et sans respect des délais entre deux vaccins.

En février 2015, le même tribunal se prononce en faveur d'autres militaires atteints de maladies à la suite de cycles de vaccinations répétés et rapprochés, effectués pendant la durée du service.

Cette décision encourage Andrea à poursuivre son combat pour la reconnaissance de la protection de la santé dans le milieu militaire, afin qu'une réglementation claire en la matière soit mise en œuvre.

#16

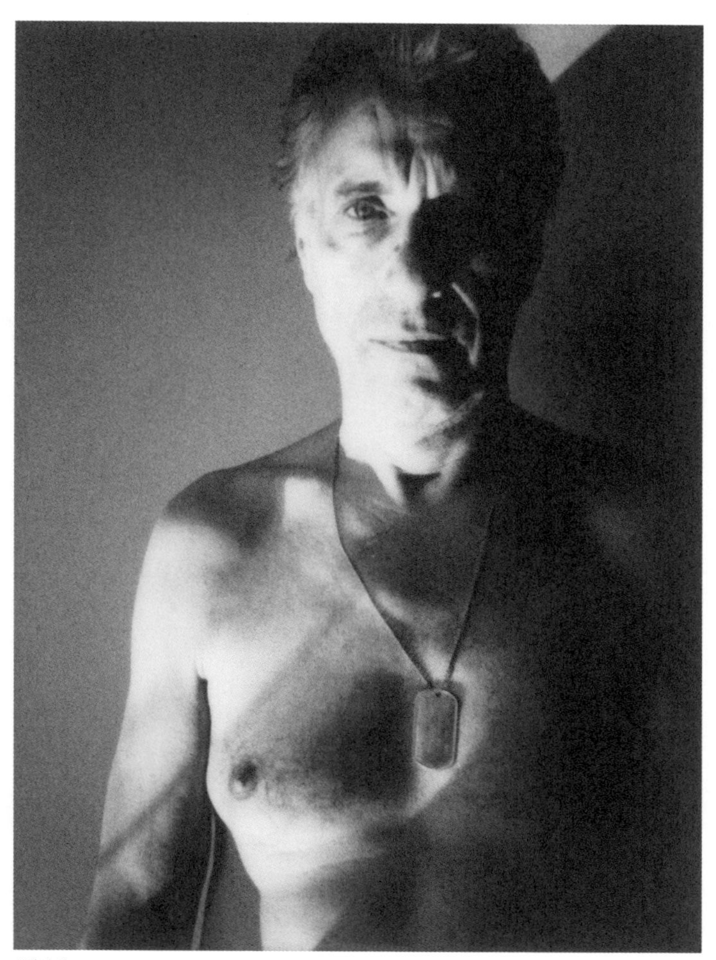

#16.1

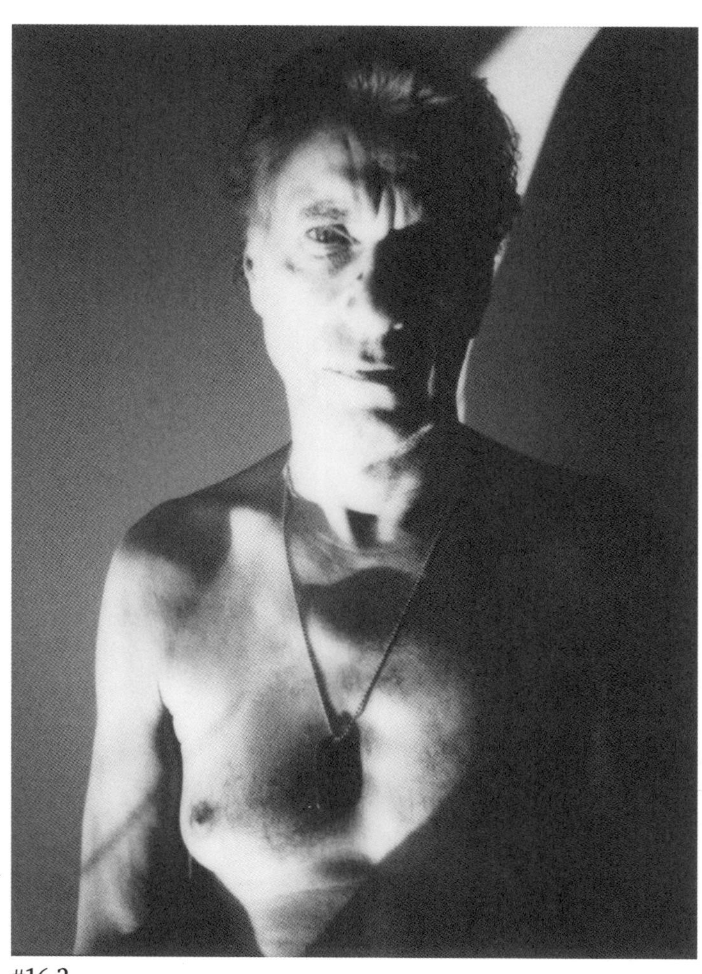

#16.2

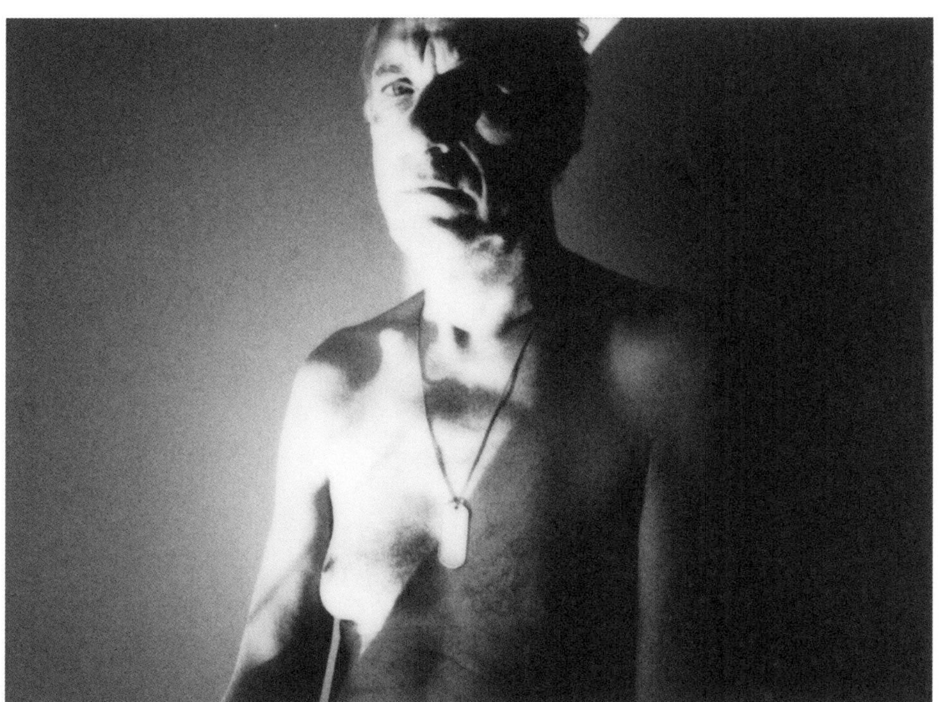

#16.3

Alessandro Nasta Brindisi, 13/04/1983 Civitavecchia (Roma), 24/05/2012

Aprile 2017

MARISA TORALDO PIETRO NASTA FEDERICA NASTA

Marisa, Pietro e Federica sono rispettivamente madre, padre e zia di Alessandro Nasta, il sottocapo nocchiere di III[a] classe in addestramento sulla Nave Scuola della Marina Militare *Amerigo Vespucci*, conosciuta come la "Regina dei Mari".

Alessandro è precipitato da oltre 15 metri di altezza, a largo di Civitavecchia (Roma), mentre si trovava sull'albero maestro dell'imbarcazione per effettuare lavori in quota, schiantandosi sul ponte di coperta.

La famiglia Nasta è convinta che alla base dell'incidente vi sia una negligenza da parte della Marina Militare, in termini di adozione degli adempimenti di sicurezza sul lavoro.

Sull'incidente ci sono state due inchieste militari: una interna all'*Amerigo Vespucci*, una del Tribunale Militare, entrambe archiviate, ascrivendo a "malore improvviso con perdita dei sensi" il decesso del sottocapo nocchiere Nasta, per il quale non si ravvisano responsabilità a carico di terzi, negando ad Alessandro lo *status* di vittima del dovere.

Parallelamente a queste, la Procura ordinaria di Civitavecchia apre una terza inchiesta che sfocerà in processo con l'accusa di omessa applicazione di dispositivi anticaduta, come disposto dal Decreto legislativo 81/2008 in materia di salute e sicurezza sui luoghi di lavoro. Da quanto emerso finora, si apprende che la Marina Militare non aveva provveduto all'adeguamento delle misure di sicurezza previste dalle normative di settore a tutela del personale, che sono state adottate solo dopo la morte del giovane.

La famiglia continua a seguire attivamente le evoluzioni processuali in corso, per cui risultano imputati alcuni alti ufficiali e comandanti della Marina Militare, con la speranza che questa tragedia serva a garantire i princìpi di tutela e sicurezza sui luoghi di lavoro.

#17

April 2017

MARISA TORALDO
PIETRO NASTA
FEDERICA NASTA

Marisa, Pietro and Federica are the parents and aunt, respectively, of Alessandro Nasta, Petty Officer 3rd class and helmsman-in-training on the Italian Navy school ship *Amerigo Vespucci*, known as the "Regina dei Mari" ("Queen of the Seas").

Alessandro died after falling headlong onto the main deck from a height of over 15 metres from the mainmast, where he was carrying out overhead work, off Civitavecchia (Rome).

The Nasta family was convinced right from the start that the accident was ascribable to negligence on the part of the Italian Navy, in terms of their adoption of occupational safety measures.

The two military inquiries held on the accident – an internal investigation on the *Amerigo Vespucci* and the Military Court inquiry – were both dismissed, as Petty Officer 3rd Class Nasta's death was ascribed to "a sudden fainting". No third-party liability was found, thus denying Alessandro the status of victim of duty.

At the same time, the Public Prosecutor's Office of Civitavecchia set up a third inquiry that would result in a lawsuit with the charge of neglected enforcement of fall protection systems, under Legislative Decree 81/2008, on the subject of occupational safety and health. According to the information that has surfaced so far, the Italian Navy failed to ensure the conformation of the safety standards provided for by sector-specific regulations in defence of personnel, which were only adopted following the young petty officer's death.

Alessandro's family continues to actively monitor the ongoing trial, which sees high-ranking officers and commanders of the Italian Navy as defendants, in the hope that this tragedy may help ensure and safeguard the principles of occupational safety.

Avril 2017

MARISA TORALDO
PIETRO NASTA
FEDERICA NASTA

Marisa, Pietro et Federica sont respectivement la mère, le père et la tante d'Alessandro Nasta, quartier-maître de IIIe classe en formation sur l'*Amerigo Vespucci*, un navire-école de la Marine de guerre italienne surnommé la « Reine des mers ».

Alessandro fait une chute de plus de 15 mètres, au large de Civitavecchia (Rome), alors qu'il se trouve sur le grand mât du bateau pour effectuer des travaux en hauteur, s'écrasant sur le pont supérieur.

La famille Nasta est convaincue que l'accident est dû à une négligence de la Marine de guerre italienne en matière d'adoption de mesures de sécurité au travail.

Deux enquêtes militaires ont été ouvertes à la suite de l'accident : une interne à l'*Amerigo Vespucci* et une du tribunal militaire. Elles ont toutes deux été classées, le décès du quartier-maître Nasta étant attribué à « un malaise soudain avec perte de connaissance ». Aucune responsabilité de tiers n'est établie, ce qui prive Alessandro du statut de victime dans l'exercice de ses fonctions.

Parallèlement à ces investigations, le Parquet de Civitavecchia ouvre une troisième enquête qui aboutit à un procès sur l'accusation de non-application des dispositifs antichute prévus par le décret législatif 81/2008 relatif à la santé et à la sécurité sur le lieu de travail. L'enquête révèle que la Marine n'a pas procédé à la mise aux normes des mesures de sécurité prévues par la réglementation du secteur pour la protection du personnel, qui n'ont été adoptées qu'après le décès du jeune homme.

La famille continue de suivre activement l'évolution de la procédure en cours qui a conduit à l'inculpation de certains hauts gradés et commandants de la Marine, dans l'espoir que cette tragédie serve à garantir les principes de protection et de sécurité sur le lieu de travail.

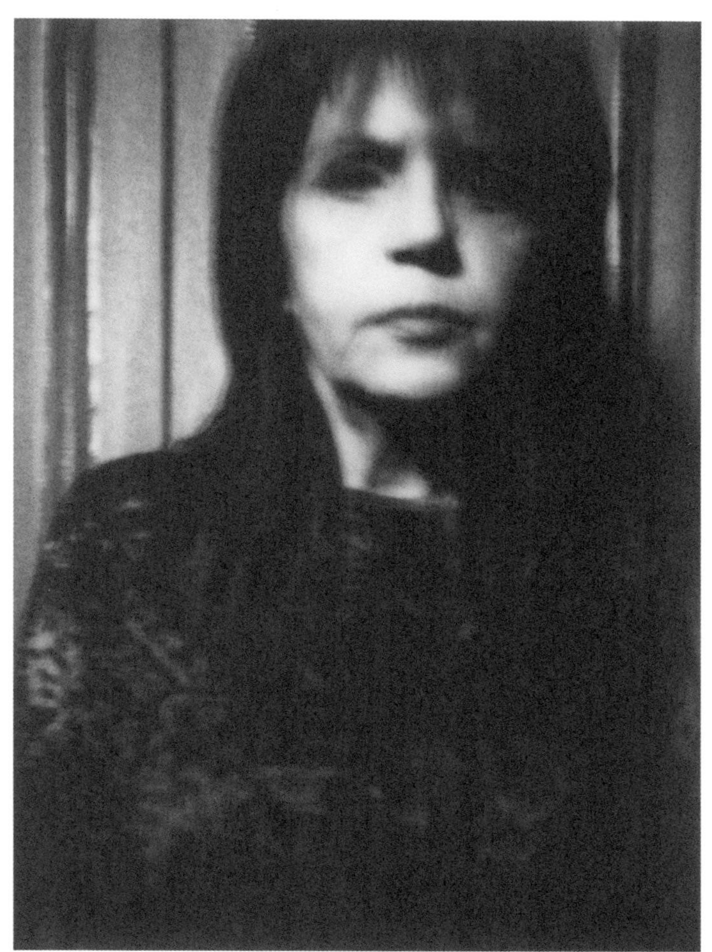
#17.1

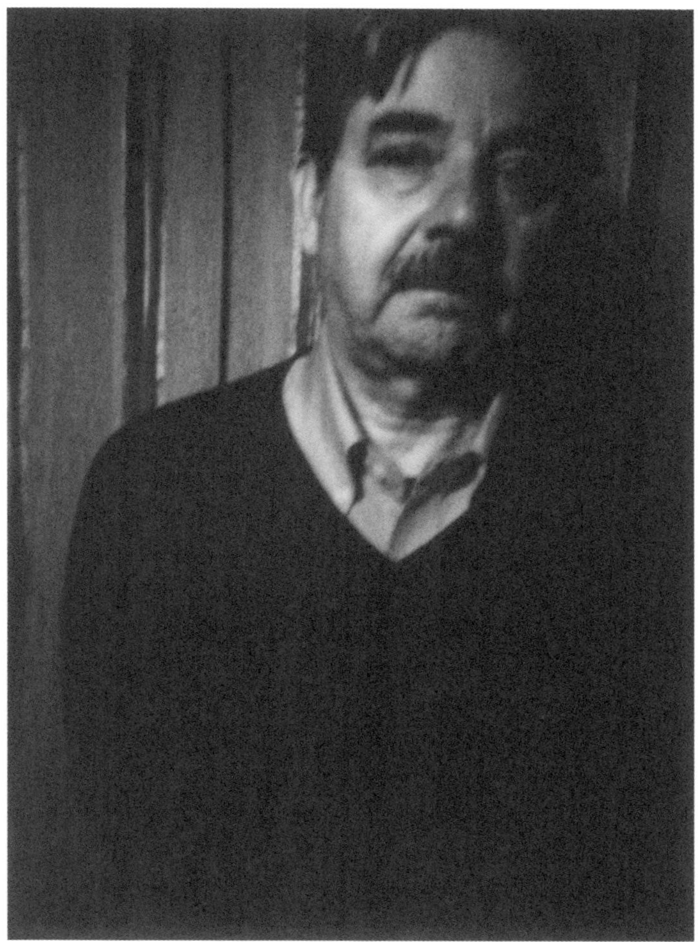
#17.2

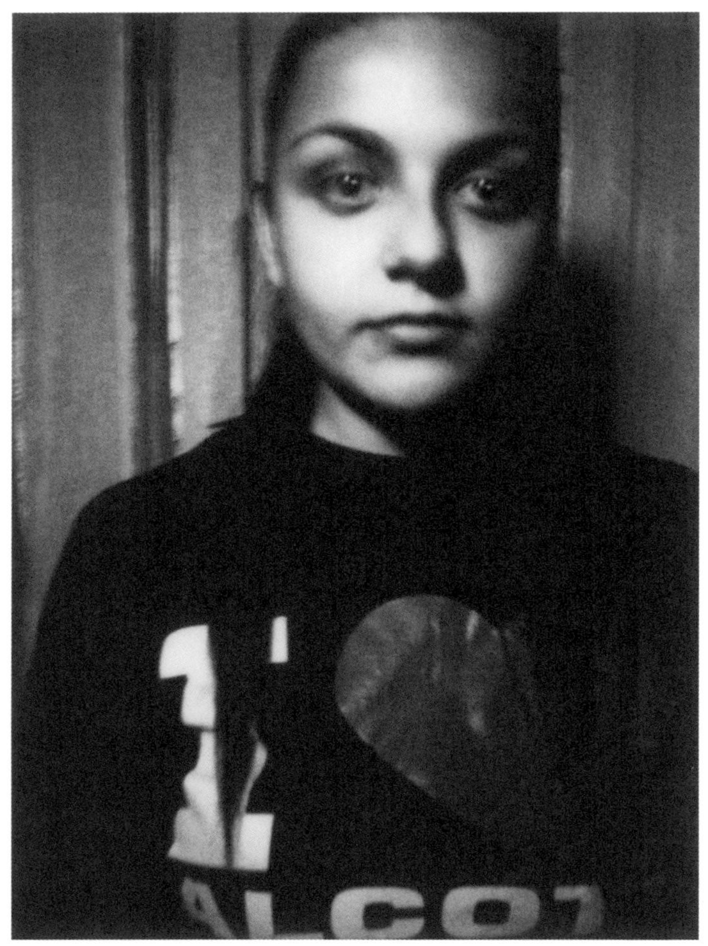

#17.3

Giovanni Arnoldi	Peschiera Borromeo (Milano), 3/04/1927	Strage di Piazza Fontana. Milano, 12/12/1969
Pietro Dendena	Casaletto Ceredano (Cremona), 4/11/1924	
Carlo Silva	Mulazzano (Lodi), 4/07/1898	

Aprile 2017

CARLO ARNOLDI PAOLO DENDENA PAOLO SILVA

Carlo Arnoldi, Paolo Dendena e Paolo Silva sono figli di Giovanni, Pietro e Carlo, tre delle 17 persone rimaste vittima dell'esplosione avvenuta presso la sede della Banca Nazionale dell'Agricoltura di Milano, in cui altre 88 rimasero ferite.

Si tratta dell'attentato che segna l'inizio del terrorismo politico in Italia. Le indagini inizialmente si orientano verso la pista anarchica portando all'incriminazione di Pietro Valpreda, ma nel corso dell'inchiesta emergerà una matrice diversa.

L'iter processuale articolato in sette processi, dislocati tra diverse città d'Italia, dura oltre 35 anni e tutti gli accusati con responsabilità nell'attentato vengono assolti in ogni grado di giudizio. Nel 2005 la Corte di Cassazione riconoscerà che la strage fu realizzata da un gruppo eversivo costituito a Padova all'interno di Ordine Nuovo, capitanato da Franco Freda e Giovanni Ventura, non più processabili perché irrevocabilmente assolti dalla Corte d'assise d'appello di Bari per lo stesso reato. Con la sentenza del maggio 2005 si imputano ai familiari delle vittime le spese processuali; il Governo italiano interviene per far fronte all'onere.

Carlo e Paolo Silva ricoprono attualmente il ruolo di presidente e vicepresidente dell'Associazione Familiari della Strage di Piazza Fontana, di cui per anni la storica rappresentante è stata Francesca Dendena, sorella di Paolo, morta per malattia nel 2010, che, fin dall'adolescenza, si è battuta con gli altri familiari delle vittime alla ricerca della giustizia e di una verità storica, nonostante quella processuale.

Il loro impegno prosegue ancora oggi, com'era nelle intenzioni di Francesca, soprattutto nelle scuole, consapevoli del dovere della memoria, affinché nulla venga distorto nel passaggio del testimone della storia alle giovani generazioni.

April 2017

CARLO ARNOLDI
PAOLO DENDENA
PAOLO SILVA

Carlo Arnoldi, Paolo Dendena and Paolo Silva are the sons of Giovanni, Pietro and Carlo, 3 of the 17 casualties of the explosion that occurred at the headquarters of the Banca Nazionale dell'Agricoltura in Milan. 88 more people were injured.

This bombing marked the beginning of political terrorism in Italy. Inquiries initially followed the anarchistic line, with Pietro Valpreda being charged, but a different origin surfaced during the investigation.

The legal proceedings, divided into seven trials across different Italian cities, lasted over 35 years, and all the defendants accused of being responsible for the attack were acquitted on all degrees. In 2005, the Court of Cassation attributed the bombing to a subversive group formed in Padua within Ordine Nuovo and headed by Franco Freda and Giovanni Ventura, who could not be retried as they had been previously acquitted of the same crime by the Court of Appeal of Bari. The May 2005 ruling ascribed legal expenses to the victims' families; the Italian Government interceded to meet the expenses.

Carlo and Paolo Silva are currently president and vice-president of the Associazione Familiari della Strage di Piazza Fontana, the association of relatives of the victims whose most memorable spokeswoman was Francesca Dendena, Paolo's sister, who died of an illness in 2010. Ever since her teenage years, she fought alongside the relatives of the other casualties, striving for justice and a historic truth despite the ruling.

Their commitment remains unwavering as they carry out Francesca's intentions, especially in schools, conscious of their duty to memory, so that nothing becomes distorted as the preservation of history passes from one generation to the next.

Avril 2017

CARLO ARNOLDI
PAOLO DENDENA
PAOLO SILVA

Carlo Arnoldi, Paolo Dendena et Paolo Silva sont les enfants de Giovanni, Pietro et Carlo, trois des 17 victimes de l'explosion provoquée dans la Banque nationale de l'agriculture de Milan, qui a fait en outre 88 blessés.

Cet attentat marque le début du terrorisme politique en Italie. L'enquête est initialement orientée vers la piste anarchique, avec l'inculpation de Pietro Valpreda, avant que les investigations ne mettent en évidence une autre origine criminelle.

La procédure, articulée en sept procès tenus dans différentes villes italiennes, dure plus de 35 ans et tous les inculpés accusés d'avoir une responsabilité dans l'attentat sont acquittés à tous les niveaux de juridiction. En 2005, la Cour de cassation reconnaît que l'attentat a été commis par un groupe subversif constitué à Padoue au sein du mouvement politique Ordine Nuovo, guidé par Franco Freda et Giovanni Ventura. Ces derniers ne peuvent cependant plus être poursuivis en justice, car ils ont été acquittés de façon définitive par la Cour d'assises d'appel de Bari pour le même délit. La décision de mai 2005 impute les frais de procédure aux proches des victimes, mais le gouvernement italien intervient pour les prendre en charge.

Carlo et Paolo Silva sont actuellement président et vice-président de l'association Familiari della Strage di Piazza Fontana. Francesca Dendena, la sœur de Paolo, décédée en 2010 suite à une maladie, a été pendant des années le visage de cette association : dès son adolescence, elle s'est battue aux côtés des proches d'autres victimes, à la recherche de la justice et de la vérité historique, en dépit de la vérité judiciaire.

Conscients du devoir de mémoire qui leur incombe, ils poursuivent aujourd'hui encore leur engagement, comme le voulait Francesca, notamment dans les écoles, afin d'éviter toute distorsion lors du passage du flambeau de l'histoire aux nouvelles générations.

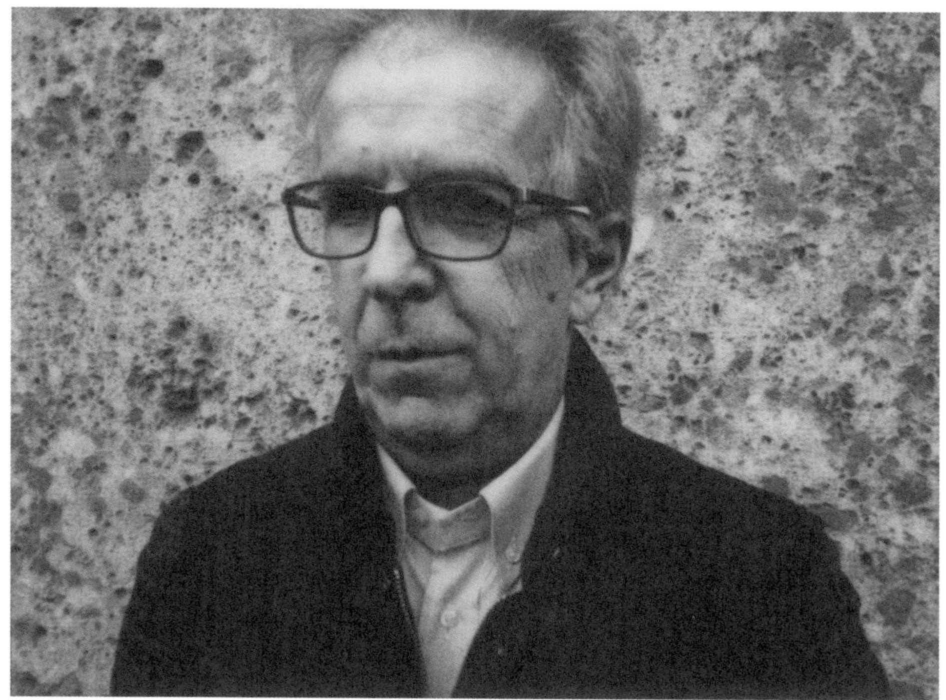

#18.1

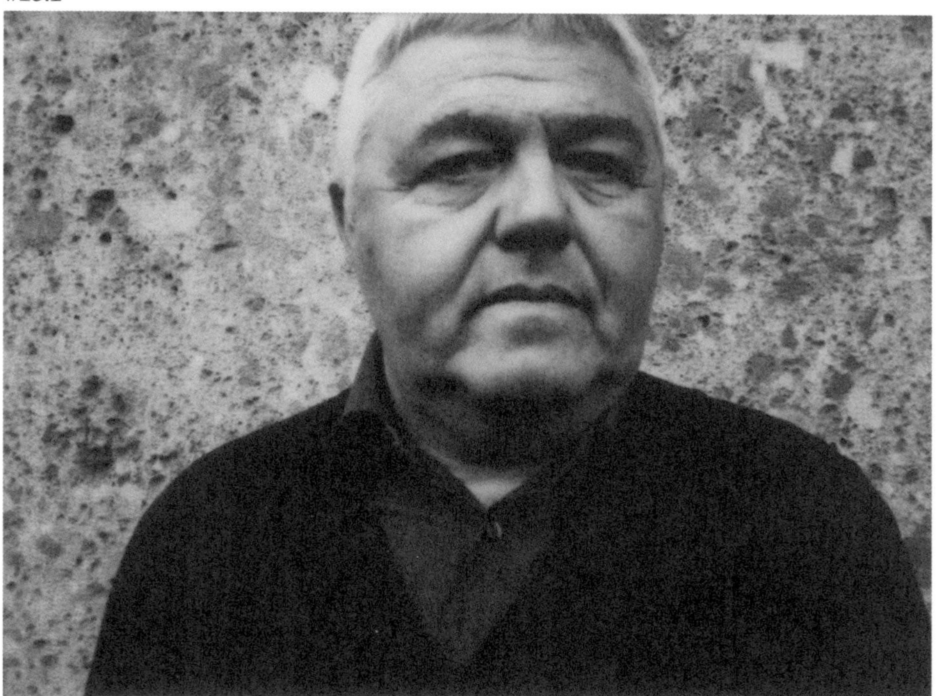

#18.2

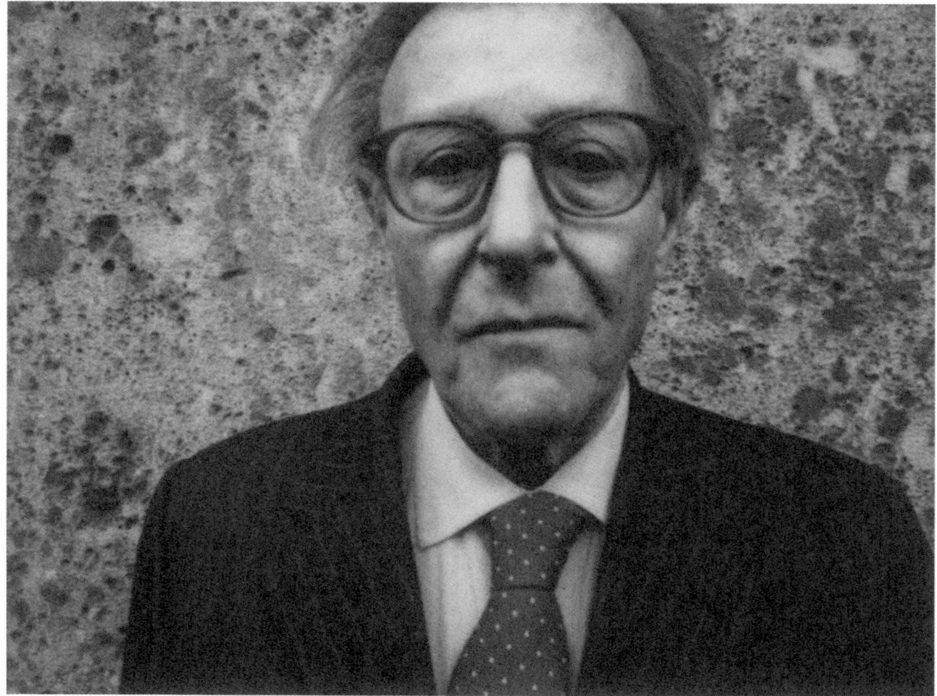

#18.3

Roberto Franceschi | Milano, 23/07/1952 | Milano, 30/01/1973

Aprile 2017

LYDIA BUTICCHI

Lydia è la mamma di Roberto Franceschi, morto dopo gli scontri con le forze dell'ordine, durante un'assemblea presso l'Università degli Studi Luigi Bocconi di Milano, in cui rimane ferito l'operaio Roberto Piacentini.

Roberto è un brillante studente di Economia politica, che la sera del 23 gennaio 1973 si trova in una delle tante assemblee del Movimento Studentesco. Il Rettore dell'Università ordina di escludere la partecipazione di studenti provenienti da altre università e lavoratori, coinvolgendo la polizia per far rispettare il divieto. Dalle forze dell'ordine partono colpi di arma da fuoco. Dopo una settimana di coma, in seguito al ferimento, Roberto Franceschi muore.

Ha inizio un'odissea giudiziaria conclusasi ventisei anni più tardi: prima con il processo penale che stabilirà responsabilità generiche delle forze dell'ordine, senza condanne definitive per alcun imputato; poi con l'azione della famiglia Franceschi contro il Ministero dell'Interno e il processo civile che riconoscerà le responsabilità del Ministero – le cui forze dell'ordine avevano impiegato armi da fuoco contro i manifestanti senza i legittimi presupposti – e definirà un risarcimento, utilizzato dai familiari per finanziare la Fondazione Roberto Franceschi Onlus, nata nel 1996.

Nonostante la delusione per una verità mai pronunciata, Lydia continua a dar vita a numerosi progetti rivolti alle scuole, convinta che per lo sviluppo della democrazia e del senso di giustizia si debba operare secondo i principi condivisi dal figlio, per educare ai diritti, aiutando gli studenti a sviluppare una coscienza civica.

Il 23 gennaio del 2013, il maglio di acciaio, opera posta dal 1977 nel luogo in cui Roberto fu colpito, è stata ufficializzata come monumento cittadino dal sindaco di Milano Giuliano Pisapia.

#19

April 2017

LYDIA BUTICCHI

Lydia is the mother of Roberto Franceschi, who died after clashes with law enforcement during an assembly at the Luigi Bocconi University in Milan, where factory worker Roberto Piacentini was injured.

A brilliant Political Economy student, Roberto was attending one of the many assemblies organised by the student's movement on the night of 23rd January 1973. The Dean of the University gave the order that students from other universities and workers be excluded, calling on the police to enforce the ban. The police fired a series of shots and Roberto Franceschi, who was seriously injured, died following a week-long coma.

This set off a legal odyssey that would last twenty-six years – first with the criminal trial that would ascertain the generic fault of the police, without any final conviction for individual defendants; then with the lawsuit brought by the Franceschi family against the Ministry of the Interior and the civil lawsuit that would ascertain the responsibility of the Ministry – whose police force had used firearms against the demonstrators without just cause – as well as defining a compensation used by Francesco's relatives to finance the Fondazione Roberto Franceschi Onlus (founded in 1996).

Despite her disappointment in the fact that the truth has never come out, Lydia continues to spearhead several projects addressed to schools, persuaded that the principles shared by her son are needed to develop democracy and a sense of justice, as well as to educate students towards their rights, enabling them to develop a civic conscience.

On 23rd January 2013, the steel trip hammer erected in 1977 in the place where Roberto was shot was officialised as a city monument by the mayor of Milan, Giuliano Pisapia.

Avril 2017

LYDIA BUTICCHI

Lydia est la mère de Roberto Franceschi, mort à la suite d'un affrontement avec les forces de l'ordre pendant une assemblée à l'université Luigi Bocconi de Milan.

Roberto, brillant étudiant de la faculté d'économie politique, participe le soir du 23 janvier 1973 à l'une des nombreuses assemblées du mouvement étudiant. Le doyen de l'université décide d'interdire la participation aux étudiants provenant d'autres universités et aux travailleurs, et fait appel à la police pour faire respecter cette interdiction. Les forces de l'ordre ouvrent le feu, blessant Roberto Franceschi et Roberto Piacentini, un ouvrier. L'étudiant décède après une semaine de coma.

Commence alors une odyssée judiciaire qui ne s'achève que vingt-six ans plus tard : d'abord avec le procès pénal qui établit la responsabilité générale des forces de l'ordre, sans condamnation définitive pour aucun accusé, puis avec l'action de la famille Franceschi contre le ministère de l'Intérieur et le procès civil qui reconnaît la responsabilité du ministère (les forces de l'ordre ayant eu recours à l'utilisation d'armes à feu contre les manifestants sans motif légitime) et ordonne des dommages et intérêts, utilisés par les proches de Roberto pour financer la fondation Roberto Franceschi Onlus en 1996.

Malgré l'immense déception face à une vérité qui n'a jamais été proclamée, Lydia continue de mettre en œuvre de nombreux projets pour les écoles, convaincue que pour le développement de la démocratie, du sens de justice et de la conscience citoyenne des étudiants, il est nécessaire d'opérer selon les principes embrassés par son fils, pour une meilleure éducation aux droits.

Le 23 janvier 2013, le marteau-pilon d'acier, une œuvre érigée en 1977 à l'endroit où Roberto fut touché, a été officiellement déclaré monument citoyen par le maire de Milan, Giuliano Pisapia.

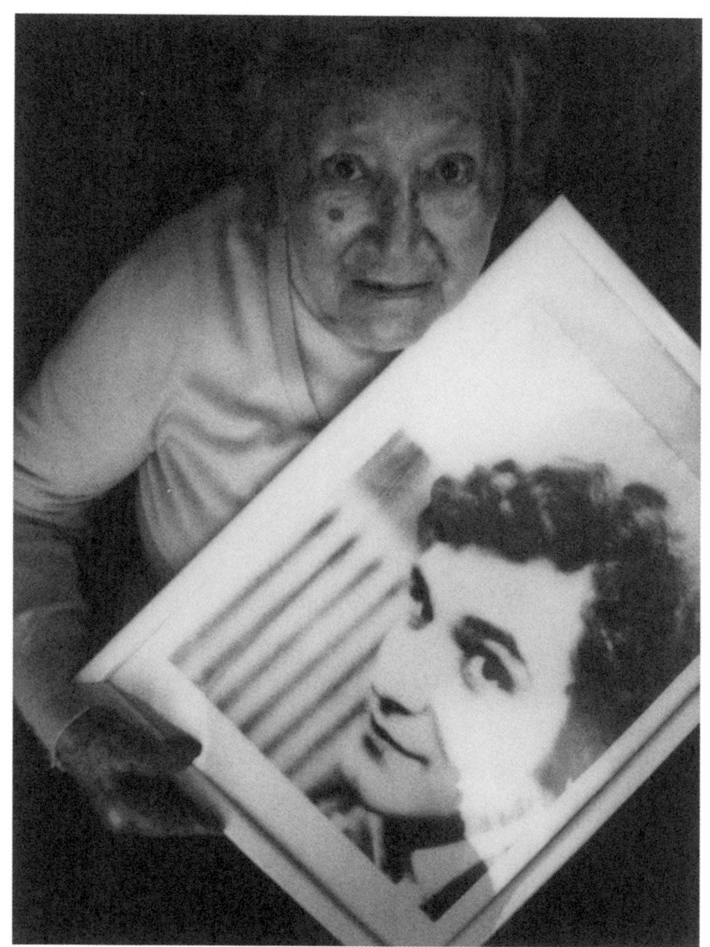

#19.1

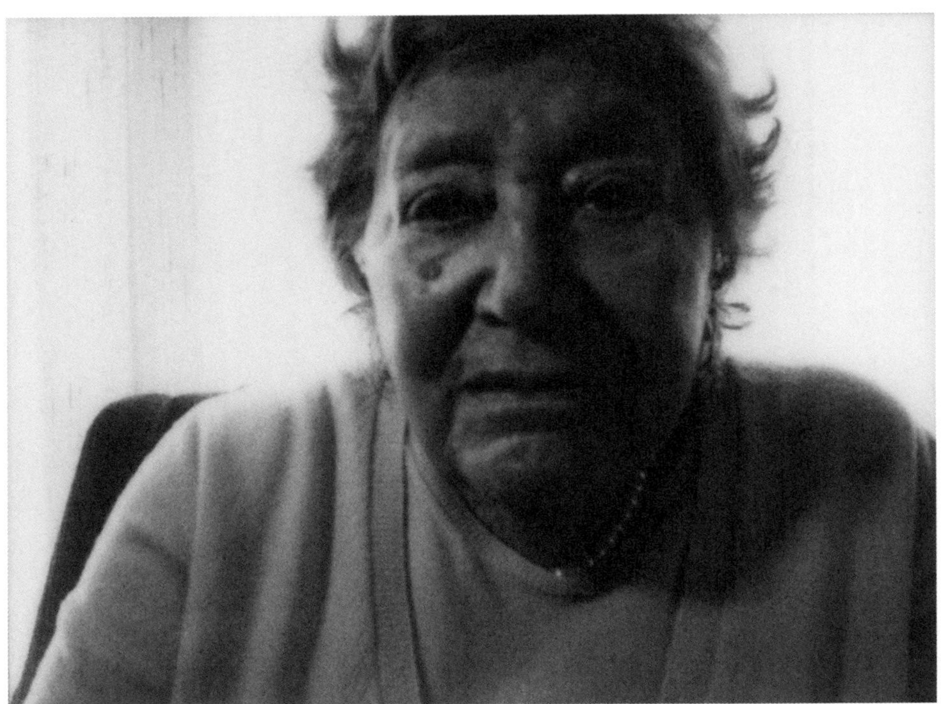

#19.2

Luca Rossi	Milano, 18/09/1965	Milano, 23/02/1986

Aprile 2017

ADELE FOLCIA
CARLO ROSSI
DANIELA ROSSI

Adele, Carlo e Daniela sono i genitori e la sorella di Luca Rossi, ucciso per sbaglio da un proiettile esploso dalla pistola di un poliziotto in borghese fuori servizio, che voleva colpire altre persone in fuga.

Luca è uno studente di Filosofia all'Università Statale di Milano. Giovane militante di Democrazia Proletaria – il partito di estrema sinistra scioltosi nel 1991 – morto mentre tenta di prendere di corsa un autobus assieme a un amico, per quella che l'allora capo della Squadra Mobile milanese, Achille Serra, ha definito una "fatalità dannata".

Il giorno del funerale del ragazzo, in migliaia hanno manifestato e il suo volto è divenuto simbolo per la richiesta di abolizione della Legge Reale (norma varata a metà degli anni settanta, che di fatto legittimava l'uso delle armi e ampliava i poteri della polizia) e per il risentimento nei confronti di un clima di tensione tra forze dell'ordine e giovani, che imperava in quegli anni.

La fase processuale è stata breve e si conclude nel 1991 con la ratifica da parte della Corte di Cassazione della condanna a due anni per omicidio colposo aggravato per il poliziotto imputato e un risarcimento.

Incoraggiati da Lydia Buticchi che li ha spronati a dedicarsi a qualcosa di costruttivo, con l'intento di ricordare il giovane oltre la rabbia e il dolore, l'anno seguente i familiari creano l'Associazione Luca Rossi, per l'educazione alla pace e l'amicizia tra i popoli.

L'Associazione promuove progetti rivolti al mondo della scuola e dei giovani per diffondere la cultura della pace, alla ricerca del superamento dei conflitti in maniera non violenta.

Il 23 febbraio di ogni anno si svolge un incontro aperto che inizia con il ricordo di Luca e guarda avanti, per condividere valori di fratellanza e accoglienza.

#20

April 2017

ADELE FOLCIA
CARLO ROSSI
DANIELA ROSSI

Adele, Carlo and Daniela are the parents and sister of Luca Rossi, who was accidentally killed by a bullet shot from the gun of an off-duty plainclothes policeman who was aiming towards other people on the run.

Luca - a student enrolled in Philosophy at Università Statale of Milan and a young activist in Democrazia Proletaria (the far-left party that broke up in 1991) - died as he was running to catch a bus with a friend, in what the then-chief of the Milanese flying squad, Achille Serra, described as a "cursed fatality".

A march numbering thousands took place on the day of the youth's funeral, and his face has come to symbolise the call for the abolition of the Royal Law (a rule of law dating back to the 1970s which, *de facto*, legitimised the use of weapons and increased police powers), as well as symbolising the resentment towards the climate of tension between law enforcement and youths that was rampant in those years.

The brief trial came to an end in 1991 with the Court of Cassation confirming the defendant's two-year sentence for aggravated manslaughter, as well as compensation expenses.

The following year, encouraged by Lydia Buticchi to devote themselves to something positive so as to remember the youth beyond anger and pain, his family founded the Associazione Luca Rossi.

Devoted to peace education and friendship among peoples, the association promotes projects addressed to the world of school and youths to spread the culture of peace, with the aim of overcoming conflicts in a non-violent fashion.

Every year, on 23rd February, an open meeting starts with a tribute to Luca before moving on to share values of brotherhood and welcome.

Avril 2017

ADELE FOLCIA
CARLO ROSSI
DANIELA ROSSI

Adele, Carlo et Daniela sont les parents et la sœur de Luca Rossi, tué par erreur d'un coup de pistolet : un agent en civil qui n'est pas en service tire pour arrêter des personnes en fuite, mais c'est Luca qui est touché.

Étudiant en philosophie auprès de l'université « Statale » de Milan et jeune militant de Démocratie prolétarienne - le parti d'extrême gauche dissous en 1991 -, Luca meurt tandis qu'il court avec un ami pour prendre son bus. Une « maudite fatalité », comme la définit Achille Serra, chef de la brigade mobile milanaise au moment des faits.

Le jour de l'enterrement du jeune homme, des milliers de personnes manifestent et son visage devient le symbole de la demande d'abolition de la Loi Royale (réglementation adoptée au milieu des années 70, qui légitimait l'usage des armes et élargissait les pouvoirs de la police) et du ressentiment à l'encontre du climat de tension qui règne à l'époque entre les forces de l'ordre et les jeunes.

Le procès est bref et se conclut en 1991 avec la confirmation par la Cour de cassation de la condamnation du policier inculpé à deux ans de prison pour homicide involontaire aggravé et des dommages et intérêts.

L'année suivante, encouragés par Lydia Buticchi qui les a incités à se consacrer à quelque chose de constructif, les proches de Luca fondent l'association Luca Rossi pour l'éducation à la paix et à l'amitié entre les peuples, afin de faire vivre le souvenir du jeune homme au-delà de la colère et de la douleur.

L'association promeut des projets destinés aux écoles et aux jeunes pour répandre la culture de la paix et du dépassement des conflits de façon non violente.

Tous les 23 février, elle organise une rencontre ouverte : l'occasion d'évoquer le souvenir de Luca, mais aussi d'aller de l'avant, en partageant les valeurs de fraternité et d'accueil.

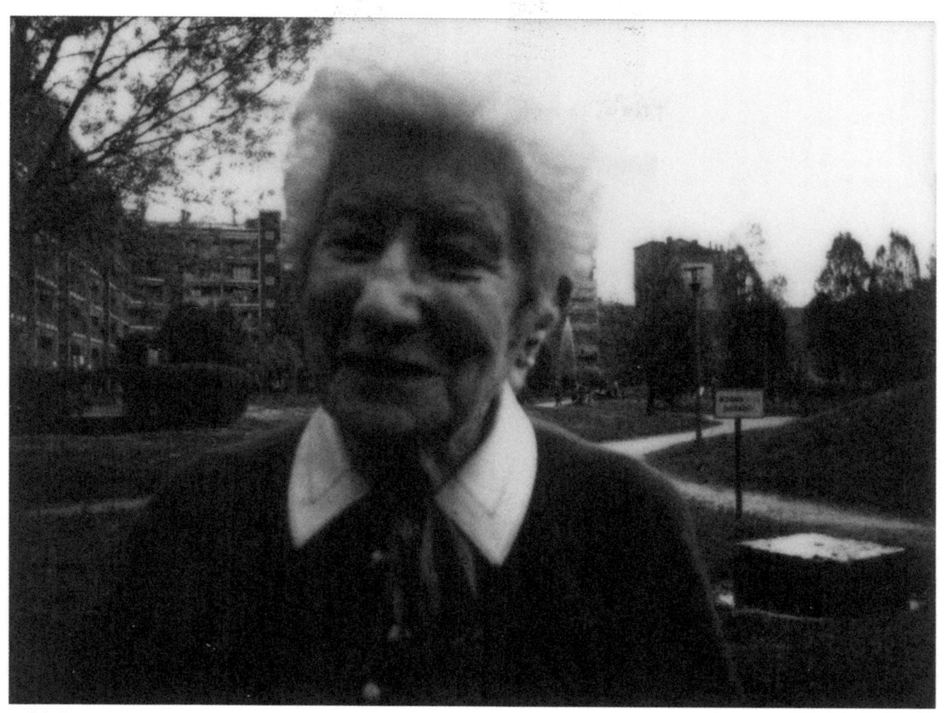

#20.1

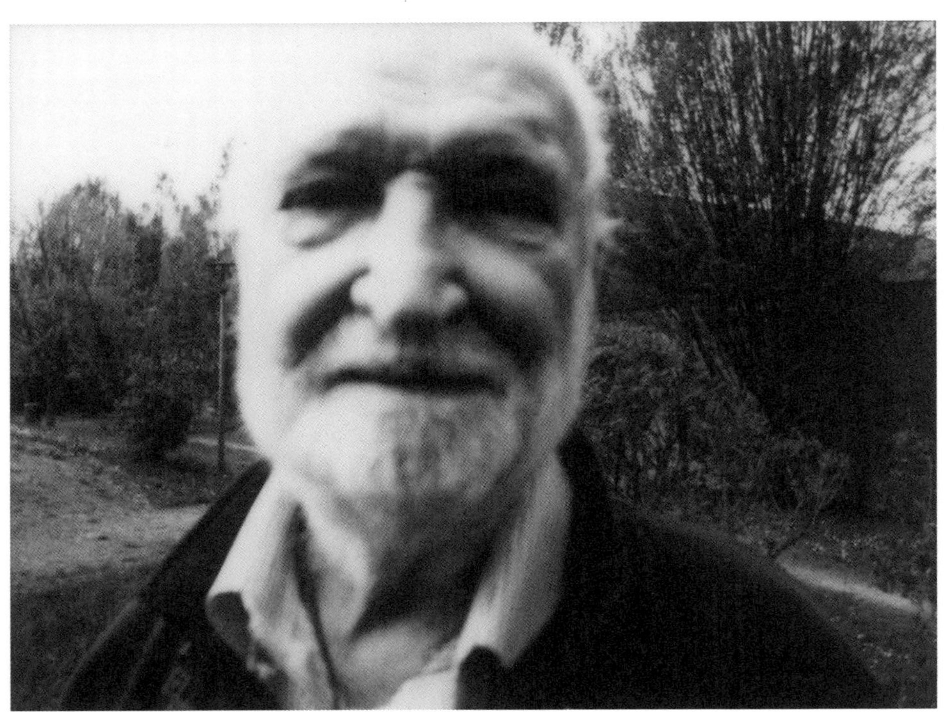

#20.2

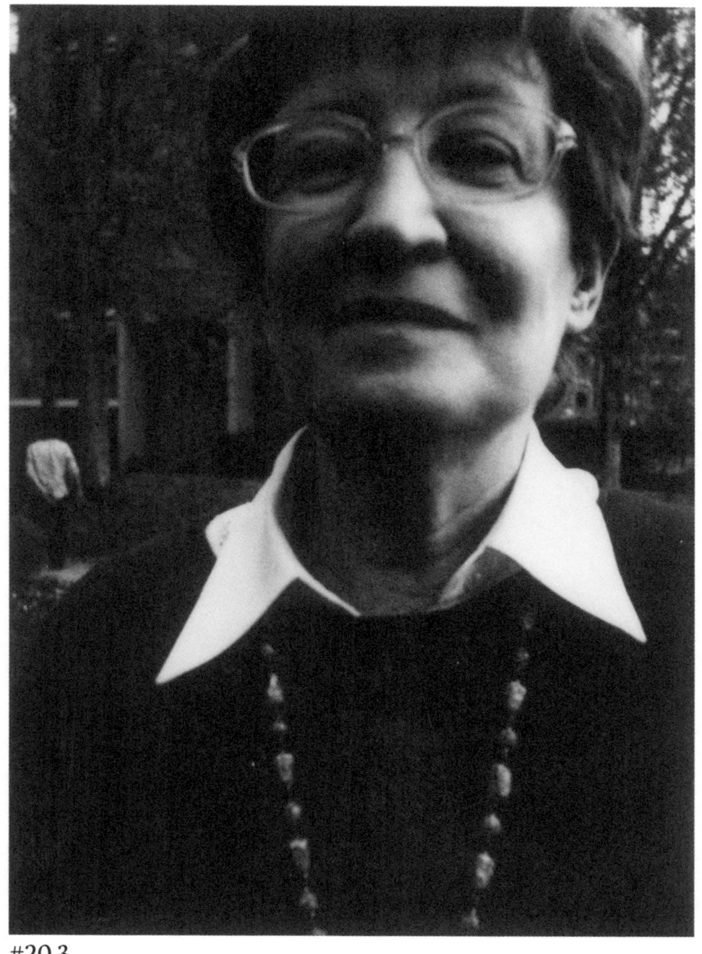

#20.3

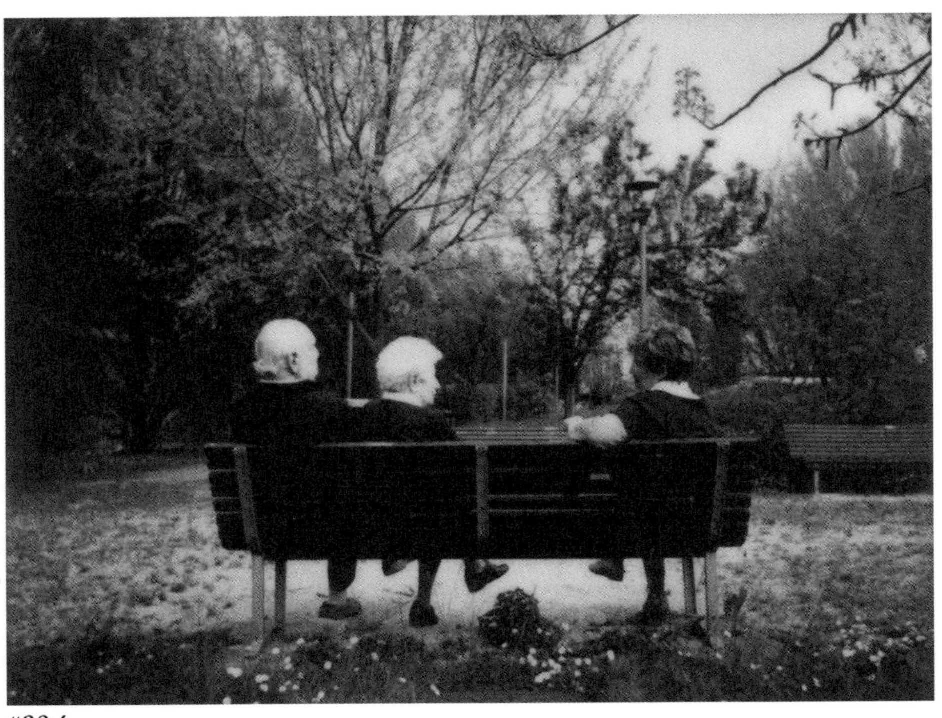

#20.4

Stefania Maccioni	Viareggio (Lucca), 9/08/1969	Viareggio (Lucca), 29/06/2009
Luca Piagentini	Camaiore (Lucca), 5/10/2004	
Lorenzo Piagentini	Camaiore (Lucca), 25/04/2007	

Maggio 2017

MARCO PIAGENTINI

Marco perde sua moglie Stefania e i figli Luca e Lorenzo nella notte del 29 giugno del 2009, a causa dello sversamento di Gpl trasportato su un treno merci che, deragliando, è entrato nella stazione di Viareggio, invadendo il quartiere di via Ponchielli. Forti esplosioni e un incendio imponente hanno caratterizzato il più grande incidente ferroviario italiano ed europeo degli ultimi trent'anni.

Trentadue le vittime, tra cui la moglie e i due figli di Marco, sopravvissuto insieme all'altro figlio Leonardo.

Dopo un mese e mezzo di coma, sei di camera sterile, sessanta operazioni per le ustioni di secondo e terzo grado riportate su oltre il 90% del corpo, Marco inizia una battaglia insieme ai familiari delle vittime, costituendo l'associazione Il Mondo che Vorrei, di cui è presidente, con lo scopo di accertare la verità sulla strage e di garantire più alti livelli di sicurezza alla circolazione ferroviaria.

A quasi otto anni dalla tragedia, nel gennaio del 2017 si conclude il processo di primo grado con 27 condanne e 10 assoluzioni. Durante l'udienza del processo di appello del 4 febbraio 2019 viene richiesto lo sconto della pena riconosciuta agli imputati, per avvenuta prescrizione, relativamente ai reati di incendio colposo e lesioni personali colpose.

I familiari delle vittime chiedono agli imputati di rinunciare alla decadenza per i due reati colposi e abbandonano l'aula, lasciando sulle sedie 32 magliette raffiguranti ognuna il volto di una vittima.

La storia di Marco, protagonista di *Ovunque proteggi*, uno dei documentari più premiati degli ultimi anni, è divenuta simbolo del doloroso percorso di rinascita, per far sì che la sicurezza sia garantita come diritto ineludibile e inviolabile.

May 2017

MARCO PIAGENTINI

Marco lost his wife Stefania and sons Luca and Lorenzo on the night of 29th June 2009, when a freight train carrying liquefied petroleum gas (LPG) derailed as it entered the Viareggio railway station, reaching the Ponchielli neighbourhood. Loud explosions and a horrifying fire characterised the worst Italian and European railway accident in the last thirty years.

Thirty-two people were killed, including Marco's wife and two of his sons; he and his other son, Leonardo, survived.

After spending a month and a half in a coma and six in a sterile room, after sixty operations on the second and third-degree burns suffered on over 90% of his body, Marco joined the relatives of other casualties to found Il Mondo che Vorrei, of which he is president. The aim of the association is to ascertain the truth on the massacre, as well as guaranteeing higher safety levels for railway circulation.

The first-degree trial ended in January 2017, nearly eight years after the tragedy, with 27 convictions and 10 acquittals. During the appeal process hearing held on 4th February 2019, a motion for sentence reduction was filed on behalf of the defendants, with regard to the offences of accidental fire and negligent bodily injuries.

The victims' families requested that the defendants waive the lapse of the two negligent offences and exited the courtroom, leaving 32 shirts, each one depicting the face of a victim, behind them on the chairs.

Marco's story – at the heart of *Ovunque proteggi* ("Protect Me Everywhere"), one of the most prize-wining Italian documentaries in the last few years – has come to symbolise the painful journey of rebirth, to ensure that safety be guaranteed as an unescapable, inviolable right.

Mai 2017

MARCO PIAGENTINI

Marco perd sa femme Stefania et ses fils Luca et Lorenzo la nuit du 29 juin 2009, lorsqu'un train de marchandises déraille en gare de Viareggio, entraînant le déversement du GPL transporté qui envahit le quartier de via Ponchielli. Le plus grand accident ferroviaire italien et européen de ces trente dernières années est caractérisé par de fortes explosions et un vaste incendie.

On dénombre trente-deux victimes, parmi lesquelles la femme de Marco et deux de leurs enfants. Marco survit, tout comme Leonardo, son fils aîné.

Après un mois et demi de coma, six mois en chambre stérile, soixante opérations pour les brûlures de deuxième et troisième degré présentes sur plus de 90 % de son corps, Marco se lance dans un long combat aux côtés des proches des victimes à travers la fondation de l'association Il Mondo che vorrei, dont il est président, dans le but de connaître la vérité sur la catastrophe et de garantir au trafic ferroviaire des niveaux de sécurité plus élevés.

En janvier 2017, presque 8 ans après la tragédie, le procès en première instance se conclut par 27 condamnations et 10 acquittements. Le 4 février 2019, pendant l'audience du procès d'appel, une réduction de la peine reconnue aux accusés est demandée pour prescription, pour les délits d'incendie involontaire et de blessures involontaires.

Les proches des victimes demandent aux accusés de renoncer à la prescription des deux délits involontaires et quittent la salle du tribunal, en laissant sur les chaises 32 tee-shirts à l'effigie de chacune des victimes.

L'histoire de Marco, protagoniste d'*Ovunque proteggi*, l'un des documentaires les plus récompensés de ces dernières années, est devenue un symbole du douloureux parcours de renaissance et de l'engagement en faveur du droit incontestable et inviolable à la sécurité.

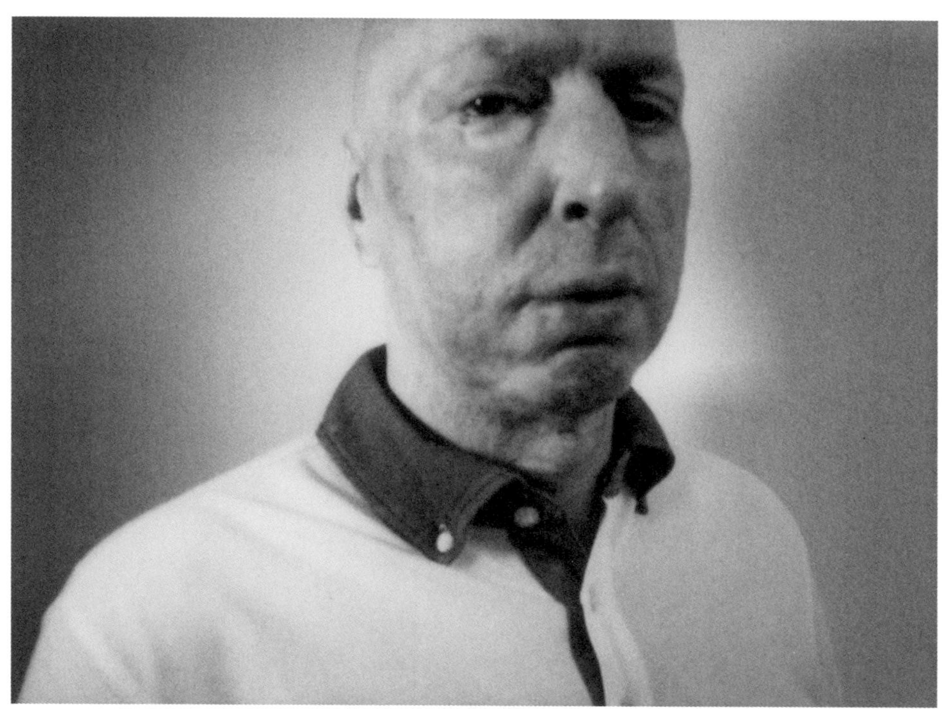

#21.1

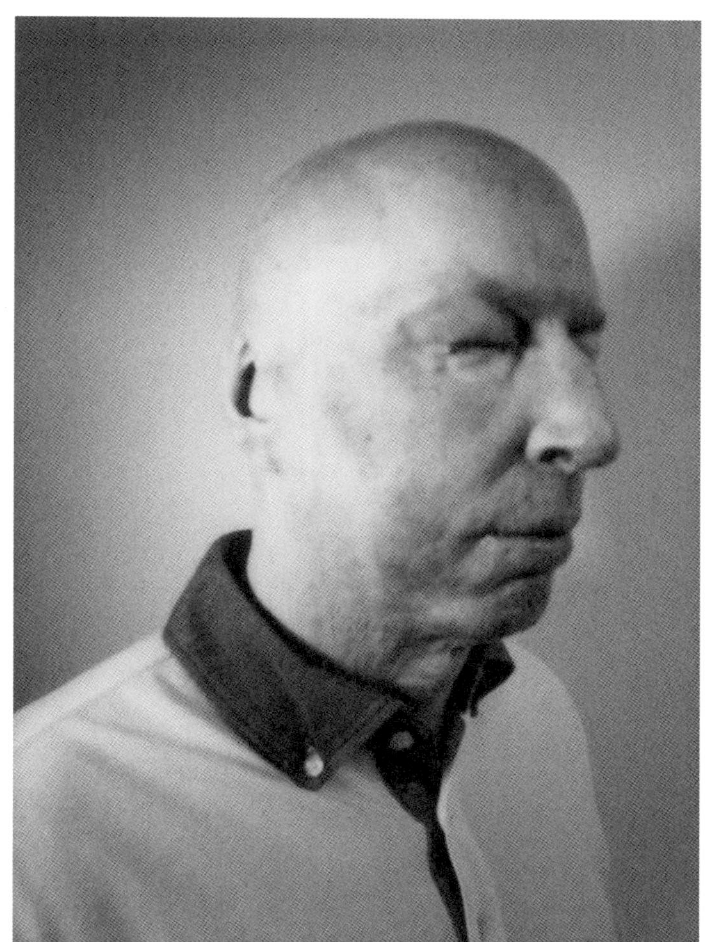

#21.2

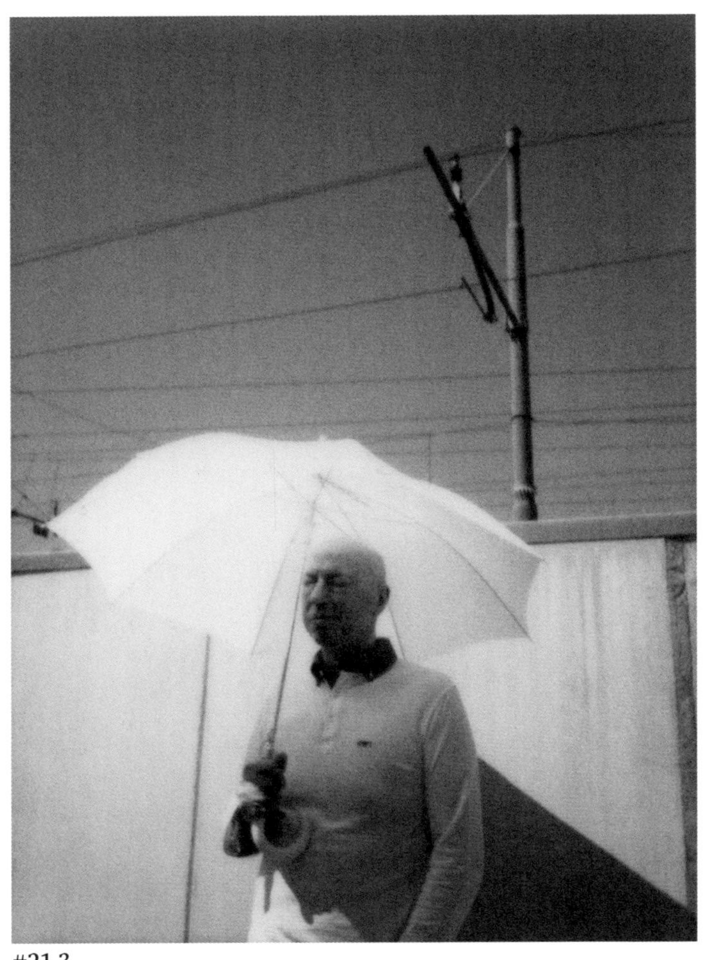

#21.3

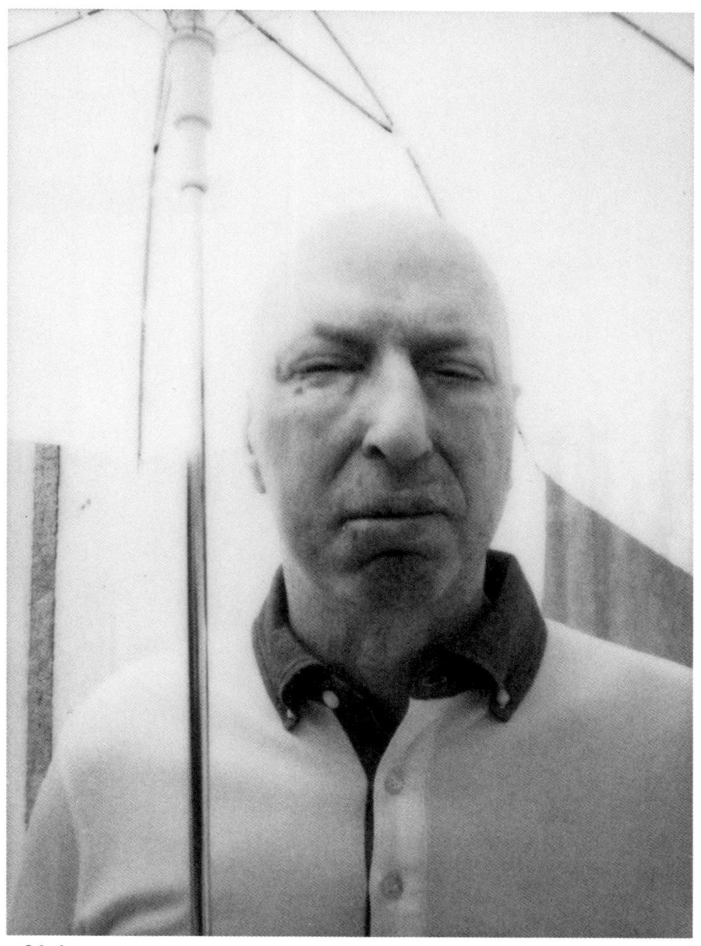

#21.4

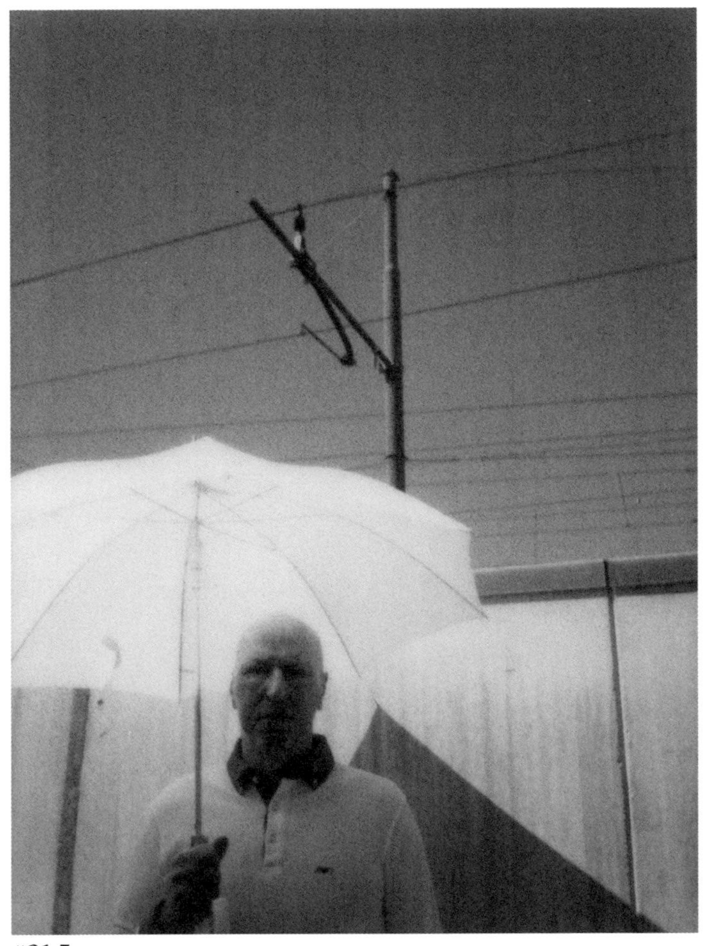

#21.5

Luglio 2017

ANTONELLA TOGNAZZI CAROLINA ORLANDI

Carolina è la figlia di Antonella, moglie di David, il cui corpo senza vita viene ritrovato in un vicolo sotto la finestra del suo ufficio, presso la sede centrale della banca MPS - Monte dei Paschi di Siena, per cui all'epoca ricopriva il ruolo di capo della comunicazione. È il periodo dell'inchiesta riguardante l'istituto, a seguito dell'acquisizione di Banca Antonveneta. Per gli inquirenti si tratta di suicidio avvenuto tramite caduta, ripresa dalle telecamere di sorveglianza.

Nonostante dalle perizie di parte presentate dalla famiglia siano emersi elementi contrastanti con l'ipotesi di un insano gesto - come, per esempio, l'incompatibilità delle ferite riportate da David con la caduta -, la morte viene archiviata per due volte come suicidio.

La Procura di Genova apre un fascicolo sull'operato dei magistrati toscani e su una lettera di minacce accompagnata da un proiettile, indirizzata al Pm senese Aldo Natalini, che si era occupato anche della vicenda MPS. Le indagini sono ancora in fase di svolgimento.

A cinque anni dall'accaduto, Carolina Orlandi pubblica *Se tu potessi vedermi ora*, il libro in cui cerca di ricostruire i contorni di una morte sospetta e racconta i giorni che hanno preceduto l'evento, sottolineando le anomalie di indagini non tempestive e non approfondite. Allo stesso tempo restituisce il ritratto dell'uomo David Rossi, al di là del suo ruolo pubblico e del rapporto costruito negli anni con la giovane donna, figlia di sua moglie.

È un'ulteriore testimonianza della battaglia condotta dai familiari del manager, che non si arrendono e richiedono che venga fatta luce su una storia caratterizzata da molte contraddizioni e troppe incongruenze.

July 2017

ANTONELLA TOGNAZZI
CAROLINA ORLANDI

Carolina is the daughter of Antonella, the wife of David, whose lifeless body was found in an alley beneath the window of his office at the headquarters of the Banca MPS – Monte dei Paschi di Siena where he was head of communications. At the time, MPS was at the centre of an ongoing investigation following the Banca Antonveneta acquisition. The investigators ascertained that it was suicide by falling (with the fall filmed by the bank's surveillance cameras).

Despite the expert opinions presented by David's family highlighting elements in contrast with the hypothesis of an insane gesture (such as the incompatibility of his injuries with the fall), his death was dismissed twice as a suicide.

The Public Prosecutor's Office of Genoa opened a file investigating the actions of the Tuscan magistrates, as well as a threatening letter accompanied by a bullet sent to Sienese public prosecutor Aldo Natalini (involved, among other cases, with the MPS events). Inquiries are still underway.

Five years later, Carolina Orlandi published *Se tu potessi vedermi ora* ("If you could see me now"), a book in which she attempts to reconstruct the outlines of a suspicious death: she describes the days leading up to the event, highlighting the anomalies of slow and superficial investigations, while also offering a portrait of David Rossi the man (beyond his public role and the relationship built over time with the young woman who was his wife's daughter). The book is further evidence of the battle fought by the bank manager's relatives, who refuse to give up and continue to call for light to be shed on a story featuring several contradictions and too many inconsistencies.

Juillet 2017

ANTONELLA TOGNAZZI
CAROLINA ORLANDI

Carolina est la fille d'Antonella, l'épouse de David, dont le corps sans vie est retrouvé dans une ruelle sous la fenêtre de son bureau, au siège central de la banque MPS - Monte dei Paschi di Siena, où il travaille à l'époque comme responsable de la communication. Les faits ont lieu alors que la banque MPS fait l'objet d'une enquête, dans le cadre de l'acquisition de la banque Antonveneta. Pour les enquêteurs, il s'agit d'un suicide, filmé par les caméras de surveillance de la banque.

Bien que les expertises présentées par la famille mettent en évidence des éléments allant à l'encontre de l'hypothèse du geste désespéré - comme le fait que les blessures de David sont incompatibles avec la chute - le décès est classé deux fois en suicide.

Le Parquet de Gênes ouvre un dossier sur l'action des magistrats de Sienne et sur une lettre de menaces accompagnée d'une balle adressée au procureur Aldo Natalini, également impliqué dans l'affaire MPS. Les enquêtes sont encore en cours.

Cinq ans après les faits, Carolina Orlandi publie *Se tu potessi vedermi ora*, un livre dans lequel elle tente de redéfinir les contours d'une mort suspecte. Elle y raconte les jours qui ont précédé le drame, en soulignant les défaillances d'une investigation tardive et superficielle. La belle-fille de David brosse également le portrait de ce dernier en tant qu'homme, au-delà de son rôle public, et la relation qu'elle entretenait avec lui.

Il s'agit là d'un témoignage supplémentaire du combat mené par les proches de David, qui ne capitulent pas et demandent que toute la lumière soit faite sur une histoire caractérisée par de multiples contradictions et incohérences.

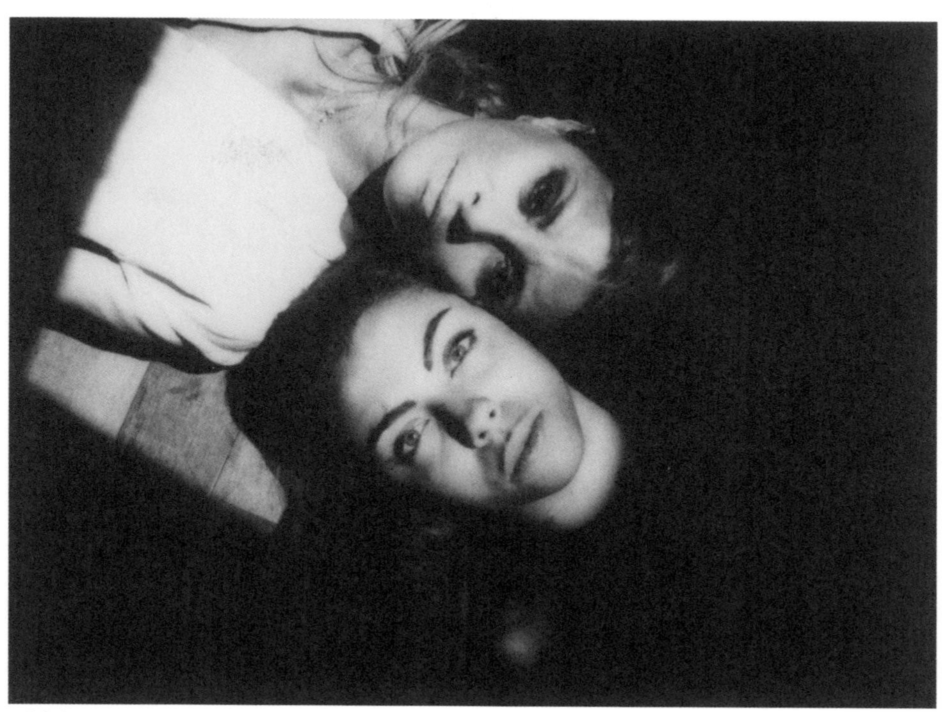

#22.1

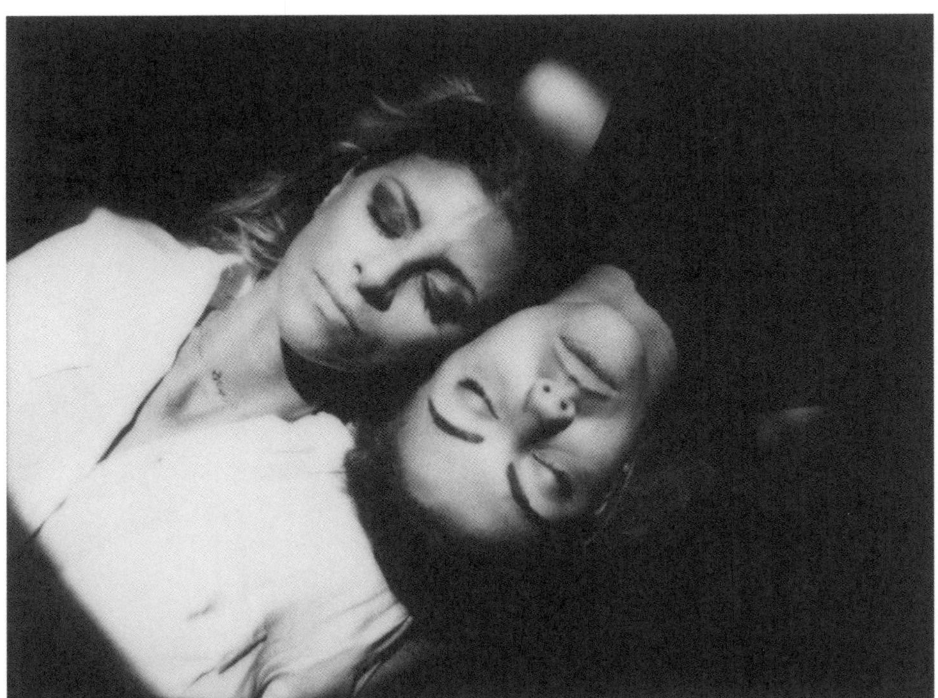

#22.2

Adolfo Parmaliana | Castroreale (Messina), 12/03/1958 | Patti (Messina), 2/10/2008

Luglio 2017

CETTINA MERLINO GILDA PARMALIANA

Cettina e Gilda sono rispettivamente moglie e figlia di Adolfo, docente ordinario di Chimica industriale presso l'Università di Messina e segretario del partito politico DS - Democratici di Sinistra, suicidatosi gettandosi da un viadotto dell'autostrada Messina-Palermo, dopo essere stato rinviato a giudizio per diffamazione.

Le motivazioni del gesto sono contenute in una lettera che il docente ha lasciato, in cui denuncia le gravi responsabilità di politici e magistrati nel rallentare le indagini sulla mafia. Le sue denunce in passato avevano condotto allo scioglimento dell'amministrazione del Comune di Terme Vigliatore (Messina).

Un anno dopo la sua morte, lo scrittore catanese Alfio Caruso, impegnato nella stesura di *Io che da morto vi parlo*, il libro sulla vicenda di Parmaliana, riceve un dossier anonimo volto a distruggere la credibilità di chi aveva osato segnalare una delle mafie più pericolose d'Italia.

La moglie Cettina presenta una denuncia contro ignoti, per la quale verrà condannato l'ex Procuratore Generale di Messina, Antonio Franco Cassata, i cui legami con boss mafiosi erano stati in passato segnalati al Consiglio Superiore della Magistratura ed evidenziati in interrogazioni parlamentari, senza ricevere alcun seguito.

A nove anni dalla morte di Parmaliana, la sentenza di condanna per il reato di diffamazione aggravata è stata definitivamente confermata in Cassazione, che ha riconosciuto nell'ex Procuratore Generale della Corte d'Appello di Messina l'autore del falso dossier anonimo contro Parmaliana.

Cettina, affiancata dai propri familiari, non smette di denunciare la resistenza, nel suo territorio, di una radicata mentalità torbida, promuovendo la diffusione della legalità, nel ricordo di un uomo impegnatosi con coraggio per la trasparenza e l'onestà.

July 2017

CETTINA MERLINO
GILDA PARMALIANA

Cettina and Gilda are the wife and daughter, respectively, of Adolfo, full professor of Industrial Chemistry at the University of Messina and secretary of the DS - Democratici di Sinistra political party, who committed suicide by jumping off a bridge over the Messina-Palermo motorway after being indicted for libel.

The professor left a letter explaining his reasons and denouncing the critical responsibilities of politicians and magistrates in slowing down their investigations on the Mafia. In the past, his denunciations had led to the dissolution of the administration of the *comune* of Terme Vigliatore (Messina).

A year after his death, Catania-born writer Alfio Caruso, engaged in writing a book on the Parmaliana episode (*Io che da morto vi parlo*, "I who speak to you from the dead"), received an anonymous file aimed at destroying the credibility of a man who had dared to report one of the most dangerous Mafias in Italy.

Adolfo's wife, Cettina, brought an action against persons unknown, which would convict the former general prosecutor of Messina, Antonio Franco Cassata, whose ties to Mafia bosses had already been reported to the Magistrates' Governing Council and highlighted in parliamentary questions without, however, any follow-up.

Nine years after Parmaliana's death, the sentence of conviction for aggravated defamation was definitively upheld by the Court of Cassation, which identified the former general prosecutor of the Court of Appeal of Messina as the author of the false anonymous file against Parmaliana.

Supported by her family, Cettina has never stopped denouncing the resistance of the deep-rooted, dark mentality of her region, as she promotes the spreading of legality in memory of a man who fought bravely for honesty and openness.

Juillet 2017

CETTINA MERLINO
GILDA PARMALIANA

Cettina et Gilda sont respectivement la femme et la fille d'Adolfo, professeur de chimie industrielle à l'université de Messine et secrétaire du parti politique DS - Democratici di Sinistra (Démocrates de gauche), qui se suicide en se jetant d'un pont autoroutier du tronçon Messine-Palerme, après avoir été accusé de diffamation.

Les motifs de ce geste désespéré sont contenus dans une lettre que le professeur a laissée : il y dénonce les graves responsabilités d'hommes politiques et de magistrats dans le ralentissement des enquêtes sur la mafia. Ses accusations avaient précédemment entraîné la dissolution de l'administration municipale de la commune de Terme Vigliatore (Messine).

Un an après la tragédie, l'écrivain originaire de Catane Alfio Caruso, en pleine écriture de *Io che da morto vi parlo*, le livre relatant l'affaire Parmaliana, reçoit un dossier anonyme visant à détruire la crédibilité de l'homme qui a osé pointer du doigt l'une des mafias les plus dangereuses d'Italie.

Cettina, la femme d'Adolfo, porte plainte contre X et obtient la condamnation de l'ancien procureur général de Messine, Antonio Franco Cassata, dont les liens avec les boss mafieux avaient déjà été signalés au Conseil supérieur de la magistrature et soulignés lors de questions parlementaires, sans qu'aucune suite ne soit donnée.

Neuf ans après la mort d'Adolfo Parmaliana, la condamnation pour le délit de diffamation aggravée est définitivement confirmée par la Cour de cassation, qui identifie en la personne de l'ancien procureur général de la Cour d'appel de Messine l'auteur du faux dossier anonyme contre Adolfo.

Soutenue par ses proches, Cettina ne cesse de dénoncer la persistance d'une mentalité véreuse profondément ancrée dans son territoire. Et en encourageant la diffusion de la légalité, elle rend hommage à un homme qui s'est engagé avec courage pour la transparence et l'honnêteté.

#23

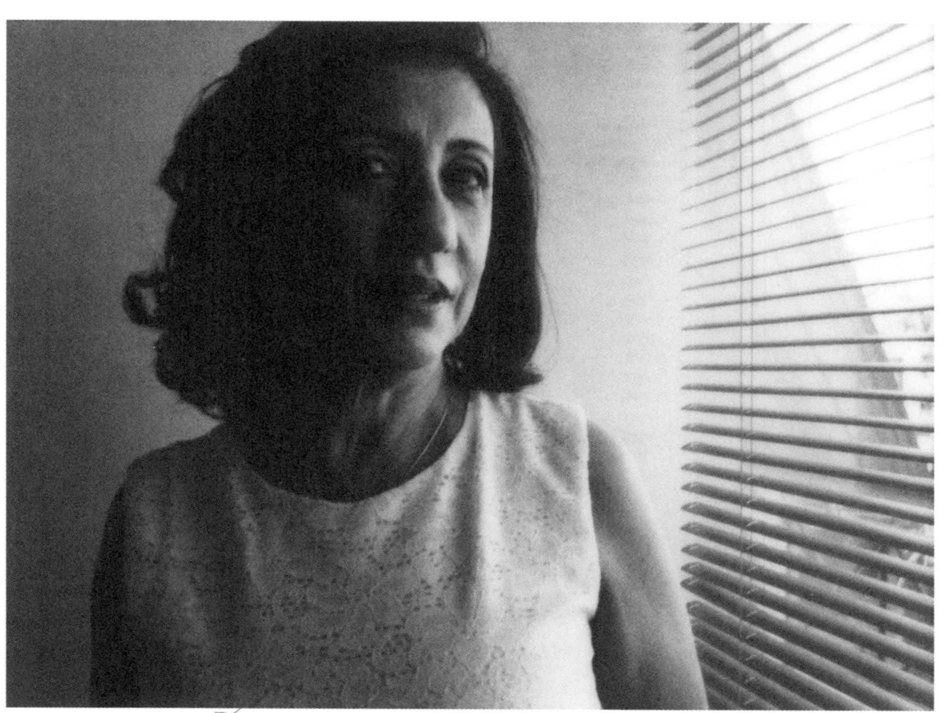

#23.1

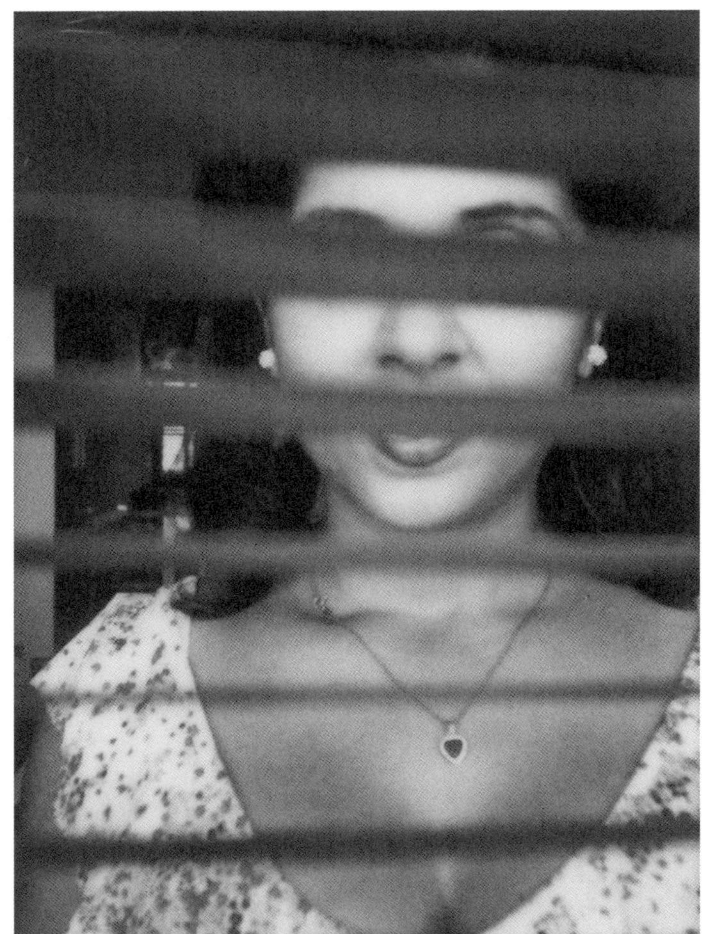
#23.2

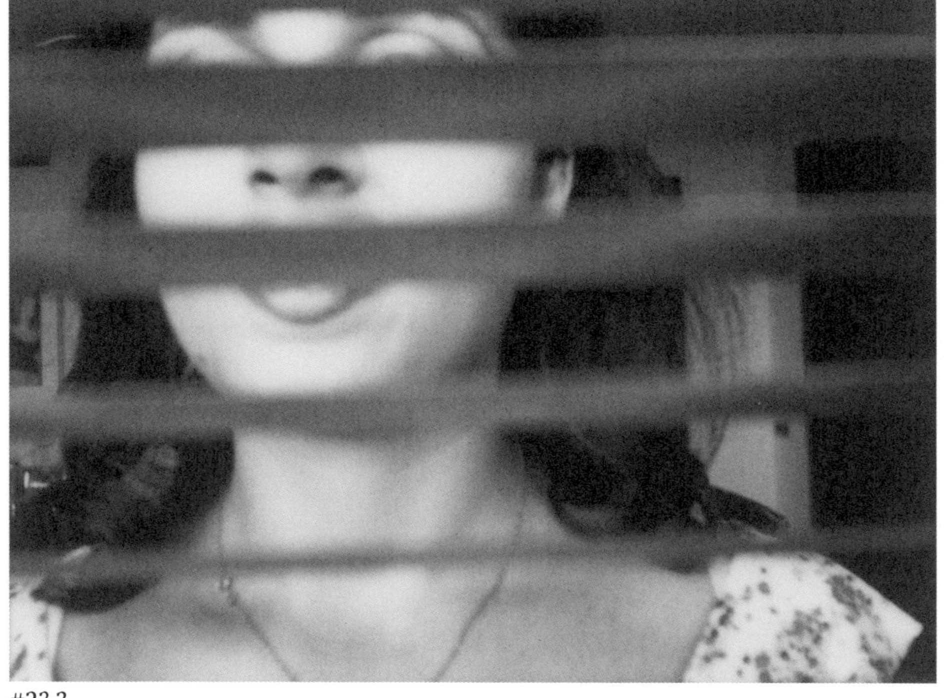

#23.3

Nino Agostino	Palermo, 29/03/1961	Villagrazia di Carini (Palermo), 5/08/1989
Ida Castelluccio	Palermo, 8/12/1969	

Agosto 2017

AUGUSTA SCHIERA VINCENZO AGOSTINO

Augusta e Vincenzo sono i genitori di Nino, poliziotto e agente del SISDE - Servizio per le Informazioni e la Sicurezza Democratica, ucciso con la moglie incinta, in un attentato nei pressi della casa di famiglia.

Inizia un calvario giudiziario caratterizzato da indagini anomale e depistaggi con sparizioni di documenti appartenenti al poliziotto. Dopo un'improbabile pista passionale, le attenzioni degli inquirenti da tempo si sono soffermate sulle indagini che Nino Agostino stava svolgendo in quel momento, che si articolavano dal fallito attentato dell'Addaura al giudice Giovanni Falcone, ai rapporti tra il mondo delle istituzioni e delle forze dell'ordine con i vertici mafiosi di Cosa Nostra. Una pista sostenuta dai genitori del poliziotto, che vede iscritti nel registro degli indagati gli esponenti della criminalità organizzata siciliana: Antonino Madonia e Gaetano Scotto, sospettati di essere gli esecutori del duplice omicidio, coadiuvati dall'ex ispettore di polizia Giovanni Aiello, morto di infarto nell'agosto del 2017.

Dopo la richiesta di archiviazione, a giugno del 2018, la Procura Generale di Palermo avoca a sé l'indagine, autorizzando una perquisizione volta ad accertare la presenza di documenti legati alla vicenda Agostino nella casa di Bruno Contrada, ex numero due del SISDE, già destinatario di una condanna per concorso in associazione mafiosa, revocata in seguito dalla Corte di Cassazione.

La famiglia ha sempre sostenuto che il figlio sia stato ucciso perché aveva scoperto i personaggi della Questura e della Squadra Mobile di Palermo collusi con la mafia. Per quasi trent'anni, i due genitori hanno portato avanti la battaglia per conoscere la verità.

Augusta è morta il 28 febbraio 2019. Vincenzo, che dal giorno dell'omicidio di suo figlio non taglia la sua barba, ha giurato di non farlo finché gli assassini non finiranno in carcere.

#24

August 2017

AUGUSTA SCHIERA VINCENZO AGOSTINO

Augusta and Vincenzo are the parents of Nino, a policeman and SISDE - Servizio per le Informazioni e la Sicurezza Democratica (Intelligence and Democratic Security Service) agent who was shot and killed, along with his pregnant wife, near their family home.

This set off a judicial ordeal characterised by irregular inquiries and red herrings, including the disappearance of documents belonging to the policeman. After an implausible line of investigation regarding it as a crime of passion, investigators soon focused on the inquiries that Nino Agostino had been carrying out at the time - from the failed Addaura attack on magistrate Giovanni Falcone to the relationships between the institutions and the police and Cosa Nostra leaders. A line of investigation supported by the policeman's parents, which saw members of Sicilian organised crime entered in the register of subjects: Antonino Madonia and Gaetano Scotto, suspected of having ordered the double homicide with the assistance of former police inspector Giovanni Aiello, who died of a heart attack in August 2017.

In June 2018, following a request for dismissal, the Public Prosecutor's Office of Palermo took over the investigation, authorising a search of Bruno Contrada's home aimed at establishing the presence of documents linked to the Agostino case in the home of SISDE's former number two, who had already been convicted of complicity in the association with the Mafia (a conviction later overturned by the Court of Cassation).

The family has always maintained that their son was murdered because he had uncovered collusions between the police headquarters and flying squad of Palermo and the Mafia. Augusta and Vincenzo have continued to fight for the truth for almost thirty years.

Augusta died on February 28th 2019. Vincenzo hasn't shaved since that day, and has sworn never to do so as long as the murderers remain free.

Août 2017

AUGUSTA SCHIERA VINCENZO AGOSTINO

Augusta et Vincenzo sont les parents de Nino, policier et agent du SISDE - Servizio per le Informazioni e la Sicurezza Democratica (service des renseignements et de la sécurité démocratique), tué avec sa femme enceinte, lors d'un attentat perpétré à proximité de la maison familiale.

Le calvaire judiciaire qui commence est caractérisé par des enquêtes sommaires et de fausses pistes, avec disparition de documents appartenant au policier. Après avoir suivi la piste improbable du crime passionnel, les enquêteurs se concentrent sur les investigations conduites à l'époque par Nino Agostino : elles concernent l'attentat manqué contre le juge Giovanni Falcone à l'Addaura, mais aussi les relations entre le monde des institutions et des forces de l'ordre et les chefs mafieux de Cosa Nostra. Une piste soutenue par les parents du policier, qui entraîne l'inscription au registre des poursuites d'Antonino Madonia et Gaetano Scotto, membres de la criminalité organisée sicilienne soupçonnés d'être les exécutants du double homicide, avec la complicité de l'ancien inspecteur de police Giovanni Aiello, mort d'un infarctus en août 2017.

Après une demande de classement, en juin 2018 le Parquet de Palerme revendique l'enquête, en autorisant une perquisition au domicile de Bruno Contrada, l'ancien numéro deux du SISDE, afin de vérifier la présence de documents liés à l'affaire Agostino. L'ancien agent a déjà fait l'objet d'une condamnation pour complicité d'association mafieuse, annulée ensuite par la Cour de cassation.

La famille de Nino Agostino a toujours soutenu que ce dernier avait été assassiné pour avoir identifié les membres de la préfecture et de la brigade mobile de Palerme entretenant des liens avec la mafia. Depuis presque trente ans, les parents de Nino poursuivent leur combat pour connaître la vérité.

Augusta est décédée le 28 février 2019. Vincenzo, qui n'a plus coupé sa barbe depuis la mort de son fils, a juré de ne pas se raser tant que les assassins n'iront pas en prison.

#24

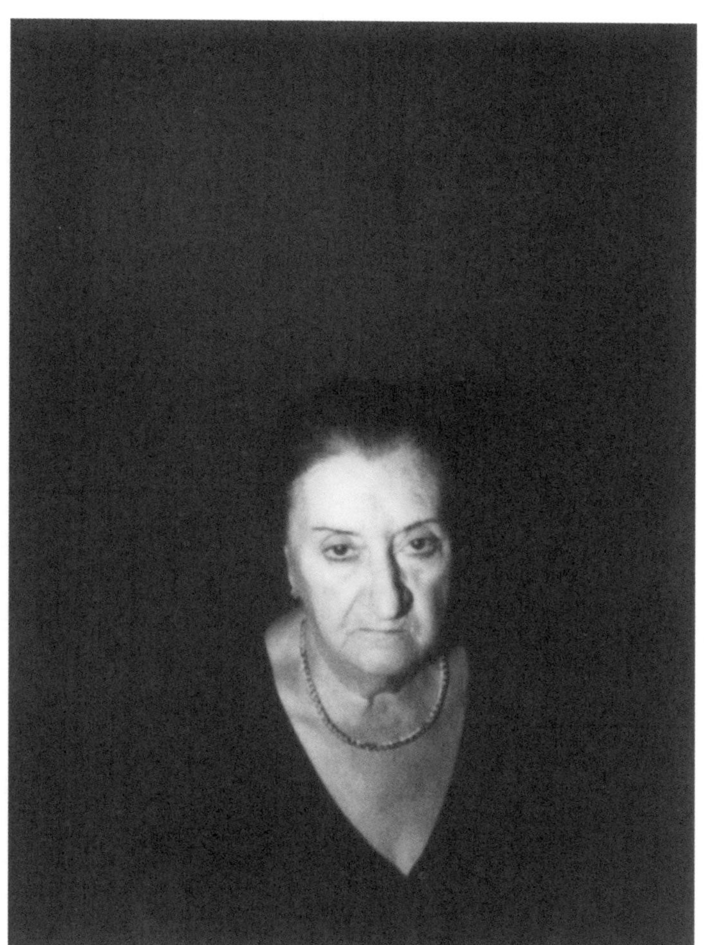

#24.1

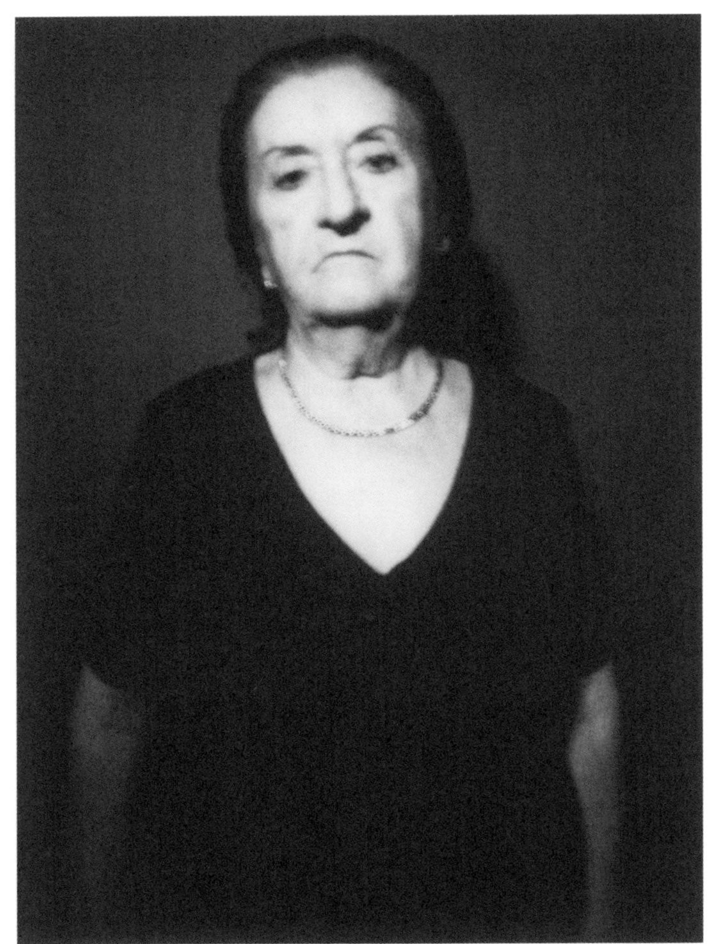

#24.2

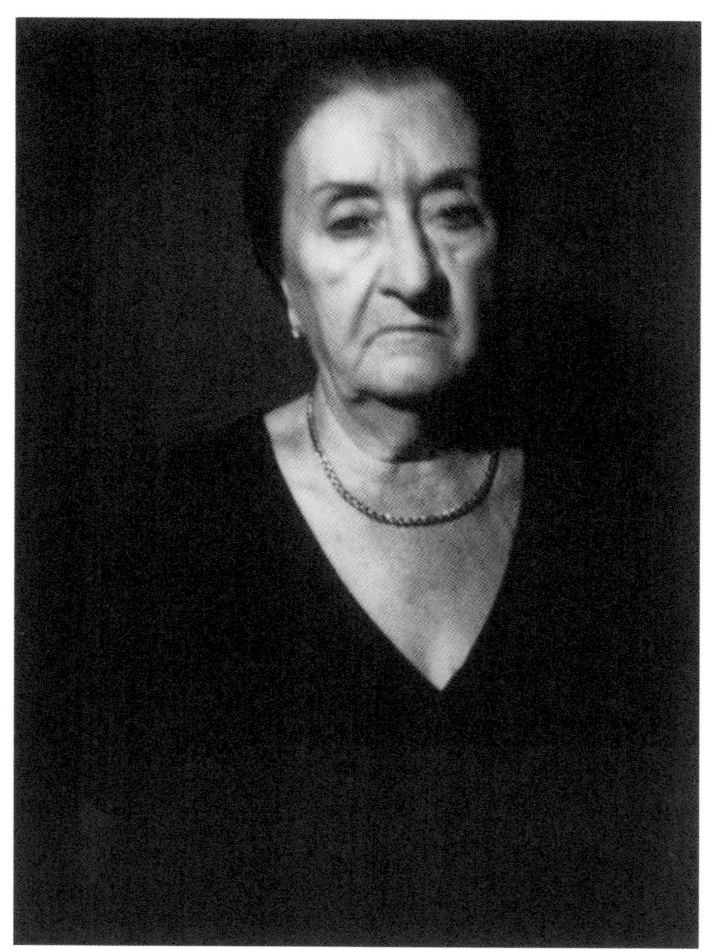

#24.3

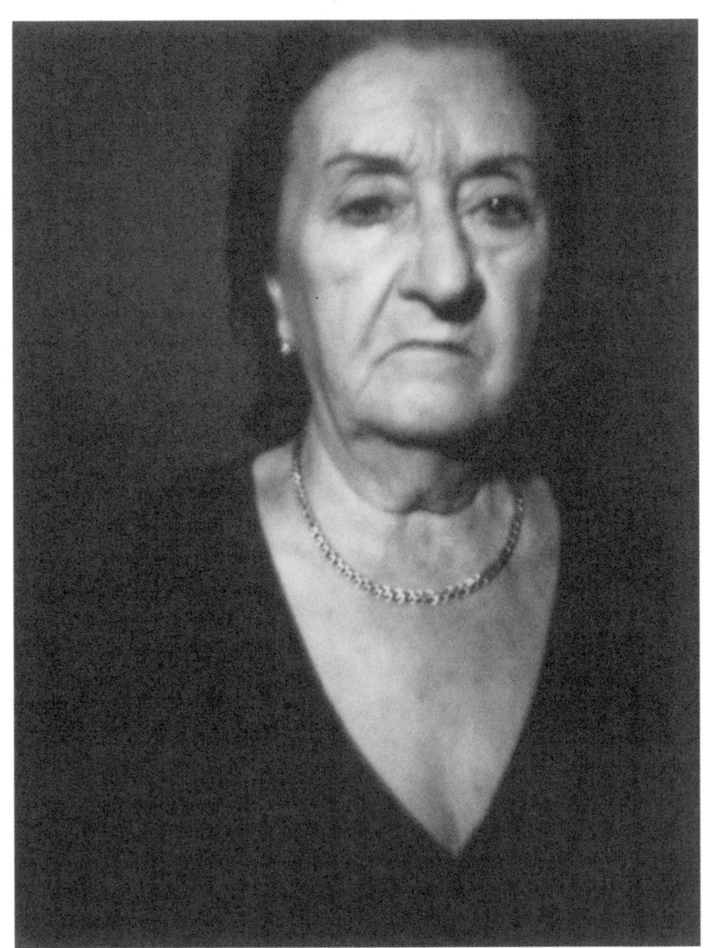

#24.4

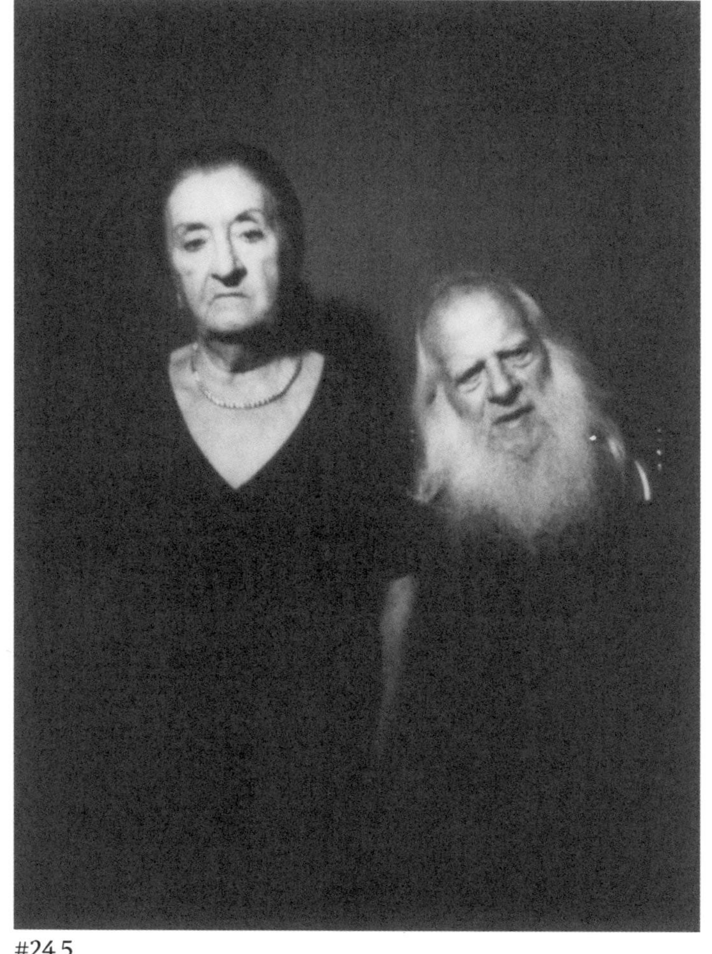

#24.5

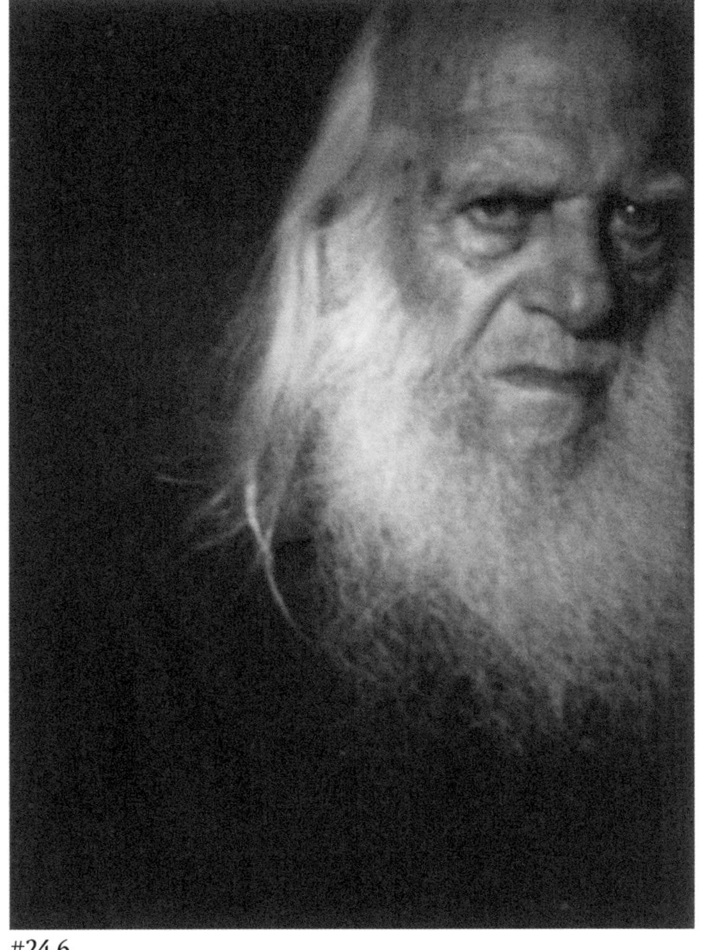

#24.6

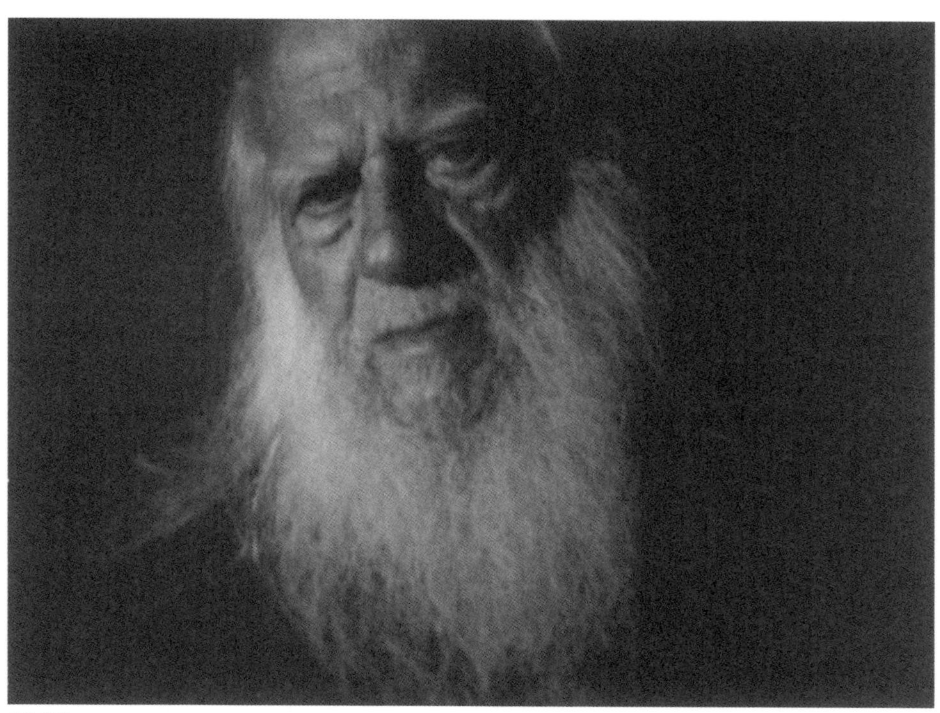
#24.7

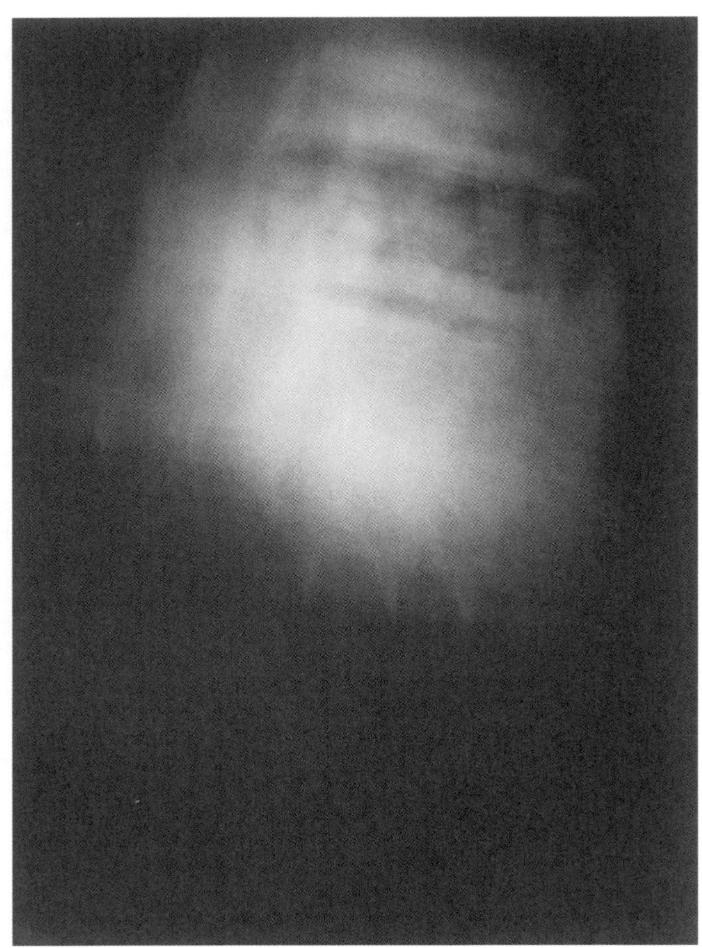

#24.8

Marcella Di Levrano | Mesagne (Brindisi), 18/04/1964 | Mesagne (Brindisi), 5/04/1990

Settembre 2017

MARISA FIORANI

Marisa è la mamma di Marcella, il cui corpo martoriato da pietre è stato ritrovato senza vita in un bosco nei pressi di Brindisi.

Marcella, madre di una bambina, dopo un periodo di tossicodipendenza e di frequentazione degli ambienti della criminalità brindisina e salentina, decide di allontanarsi da quel mondo e di denunciare, ma non le viene lasciato il tempo. Della sua efferata esecuzione, decisa dalla Sacra Corona Unita – come emergerà successivamente dai racconti di alcuni collaboratori di giustizia –, non sono stati mai giudicati e condannati i mandanti e gli esecutori materiali.

Marcella ha l'abitudine di tenere un diario dove annota tutto ciò che le accade; racconta storie di droga e di criminalità organizzata. Quel diario viene ancora oggi custodito da Marisa, che non si è mai costituita parte civile, ma che grazie anche al sostegno dell'associazione Libera di don Luigi Ciotti ha trovato la forza di raccontare questa storia, di coltivarne la memoria attraverso i numerosi incontri che tiene nelle scuole di tutta Italia. Una vicenda archiviata dalla giustizia, che non è finita nell'oblio grazie alla dignità di una mamma impegnata a ricordare il coraggio di sua figlia.

Tra i momenti più commoventi, a testimonianza di un riconoscimento simbolico nei confronti di Marisa, si ricorda quando Denise Cosco – testimone di giustizia, dopo la morte della madre Lea Garofalo, avvenuta per mano di un'organizzazione della 'Ndrangheta capeggiata dal marito – ha chiesto alla donna di ritirare, per proprio conto, l'Ambrogino d'oro che la Città di Milano le aveva assegnato.

A marzo del 2018, il comune di Siziano, in provincia di Pavia, ha deciso di intitolare una via a Marcella Di Levrano.

Il suo nome viene menzionato ogni anno nella giornata della memoria e dell'impegno per le vittime innocenti delle mafie.

September 2017

MARISA FIORANI

Marisa is the mother of Marcella, whose lifeless body was found in a wood near Brindisi. She had been stoned to death.

The mother of a little girl, Marcella decided to distance herself from the world of drug addiction and of the Brindisi and Salento criminality she had been a part of, but she wasn't given the time to denounce it. The instigators and physical executors of her brutal murder, ordered by the Mafia-type criminal organisation Sacra Corona Unita – as would later surface from the tales of certain informers – have never yet been tried or convicted.

Marcella kept a diary where she wrote down everything that happened to her, telling stories of drugs and organised crime. That diary is still preserved by Marisa who, despite never bringing a civil action, found the strength (also thanks to don Luigi Ciotti's association *Libera*) to cherish her daughter's memory via the many meetings she holds in schools all over Italy. The dignity of a mother intent on remembering her daughter's bravery has kept the case from falling into oblivion, though it was dismissed by the legal system.

Among the more touching moments attesting to the symbolic recognition of Marisa, we find Denise Cosco's requesting her to collect the Ambrogino d'Oro awarded to her by the City of Milan on her behalf (Denise Cosco became a witness for the state following the death of her mother, Lea Garofalo, at the hands of a 'Ndrangheta organisation led by her husband.

In March 2018, the *comune* of Siziano, in the province of Pavia, decided to dedicate a street to Marcella Di Levrano.

Her name is mentioned every year on the day commemorating the innocent victims of the Mafia.

Septembre 2017

MARISA FIORANI

Marisa est la mère de Marcella, morte lapidée, dont le corps a été retrouvé dans un bois près de Brindisi.

Marcella est maman d'une petite fille. Après avoir fréquenté la criminalité de Brindisi et du Salento et être tombée dans la toxicomanie, elle décide de s'éloigner de ce milieu et de le dénoncer, mais on ne lui en laissera pas le temps. Les commanditaires et les exécutants de cet odieux assassinat, ordonné par l'organisation mafieuse Sacra corona unita, comme le révèlent par la suite certains collaborateurs de justice, n'ont jamais été jugés ni condamnés.

Marcella a l'habitude de tenir un journal intime dans lequel elle écrit tout ce qui lui arrive, y compris des histoires de drogue et de criminalité organisée. Ce journal intime est aujourd'hui encore conservé par Marisa, qui ne s'est jamais constituée partie civile, mais qui, grâce au soutien de l'association Libera de Don Luigi Ciotti, a trouvé la force de raconter cette histoire et de faire vivre le souvenir de Marcella, à travers les nombreuses rencontres qu'elle organise dans des écoles partout en Italie. Bien que classée par la justice, cette affaire n'est pas tombée dans l'oubli grâce à la dignité d'une mère qui célèbre le courage de sa fille.

Marisa doit l'un des moments les plus émouvants de son combat au geste symbolique de Denise Cosco, témoin de justice qui, après le décès de sa mère Lea Garofalo tuée par une organisation de la 'Ndrangheta dirigée par son mari, a demandé à Marisa de retirer pour elle la médaille « Ambrogino d'oro » que la ville de Milan lui avait attribuée.

En mars 2018, la commune de Siziano, dans la province de Pavie, a décidé de dédier une rue à Marcella Di Levrano.

Son nom est mentionné chaque année lors de la journée de la mémoire et de l'engagement pour les victimes innocentes des mafias.

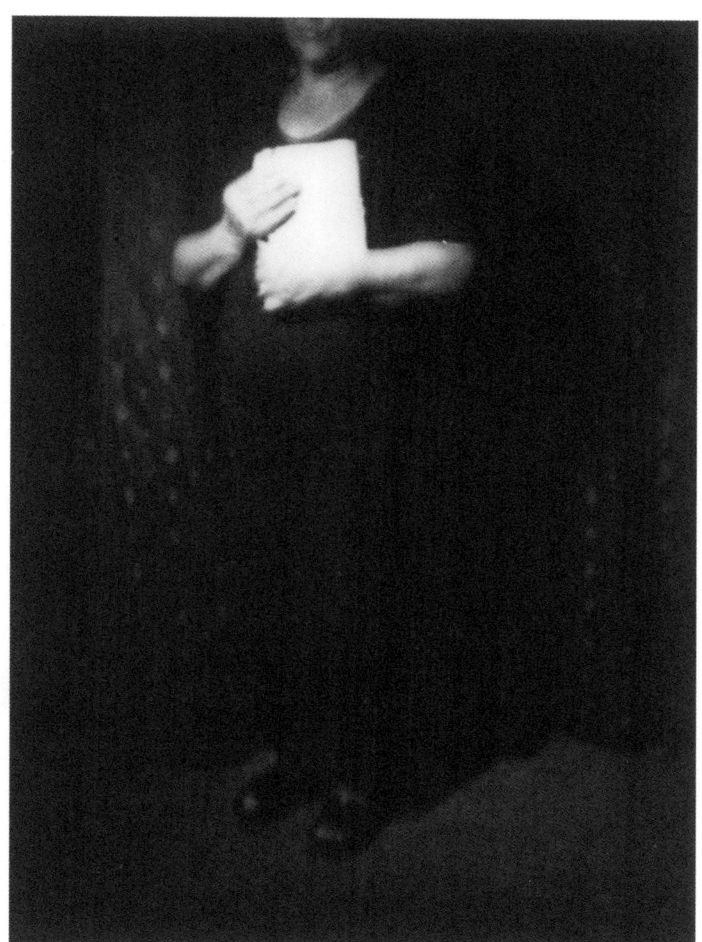

#25.1

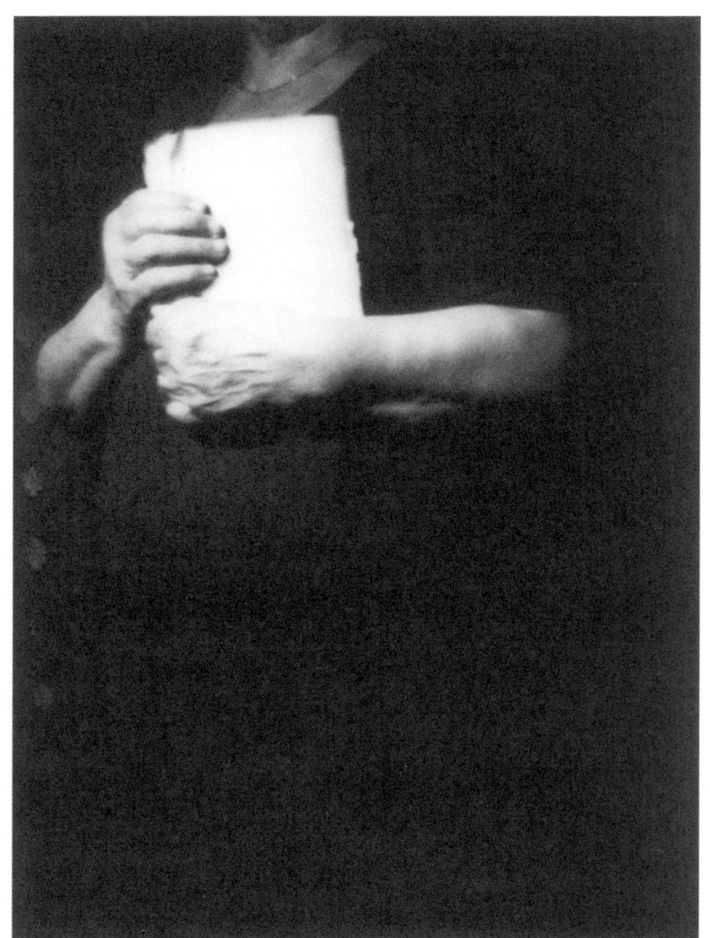

#25.2

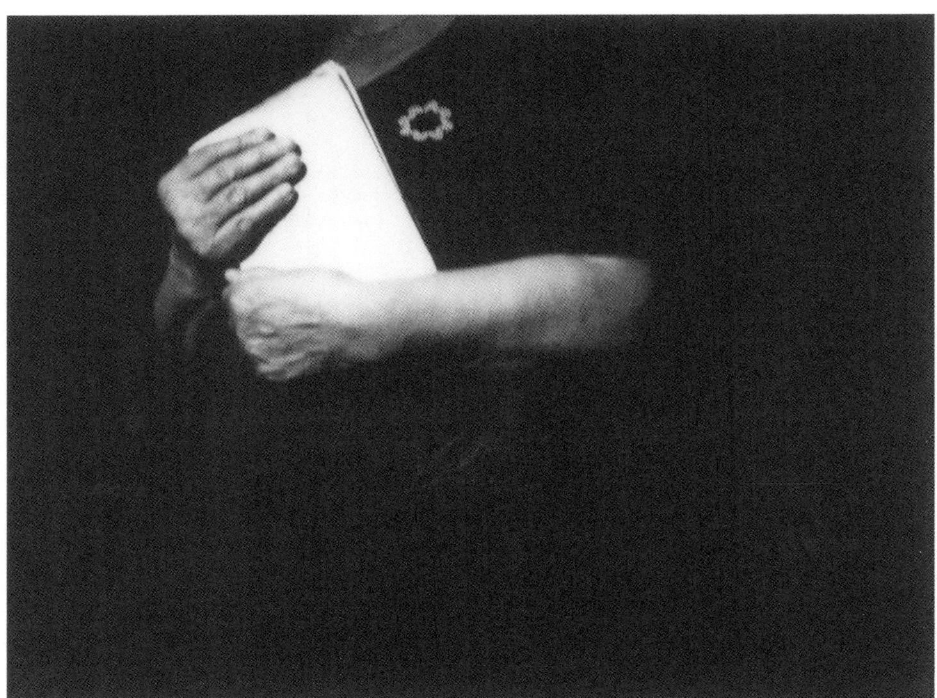
#25.3

Ottobre 2017

PAOLA PERRONE

Paola è l'avvocatessa italiana grazie al cui operato è avvenuto un cambiamento epocale nell'ambito della normativa nazionale in materia di trasfusioni.

La lunga battaglia giudiziaria che l'ha vista in prima linea prende avvio dai numerosi casi di infezione da patologie quali virus HIV, epatite B e C, riscontrati in alcuni cittadini che, a scopo terapeutico, erano stati ciclicamente sottoposti a trasfusioni di sangue infetto.

Con emanazione di due leggi del 2007, lo Stato italiano apre la procedura transattiva per il risarcimento, ma attraverso un decreto, emanato dal Ministero della Salute nel 2012, viene di fatto esclusa dalle transazioni la maggior parte dei richiedenti aventi diritto al risarcimento stesso.

L'Associazione Giovanile Talassemici di Lecce, rappresentata dal legale Paola Perrone, fa ricorso alla CEDU - Corte Europea dei Diritti dell'Uomo, con sede a Strasburgo, che dichiara, quella intrapresa dai salentini, "causa pilota", riunendo intorno a essa le molte altre cause iniziate sul territorio nazionale. L'obiettivo è di ottenere l'indennizzo previsto dalla legge e il risarcimento dei danni per i mancati controlli dello Stato in materia di sangue per uso terapeutico, poi risultato infetto.

A gennaio del 2016 la Corte di Strasburgo riconosce ai pazienti il diritto all'indennizzo previsto dalla legge italiana e condanna l'Italia al risarcimento dei danni subiti da alcune persone che, nel corso di trasfusioni di sangue attuate per scopi terapeutici, sono state infettate dai virus dell'HIV, dell'epatite B e C.

Grazie all'impegno professionale e umano di Paola, la vicenda giudiziaria ha avuto il risultato straordinario di aprire un cammino per la tutela della salute pubblica che, partito da Lecce, ha percorso tutto il paese.

October 2017

PAOLA PERRONE

Paola is the Italian lawyer whose work led to an epoch-making change in the Italian regulations in the way of transfusions.

The lengthy legal battle that saw her at the forefront took off starting from the several cases of patients who had been infected with pathogens such as the HIV virus and hepatitis B and C after undergoing cyclic transfusions of infected blood for therapeutic purposes.

With the issuing of two laws in 2007, the Italian Government began an amicable settlement for compensation, but a decree issued in 2012 by the Ministry of Health effectively excluded the majority of the plaintiffs entitled to compensation from the settlement.

The Associazione Giovanile Talassemici of Lecce, represented by lawyer Paola Perrone, appealed to the ECHR - European Court of Human Rights (Strasbourg), which described the suit brought by the Salento citizens a "pilot suit", gathering the many other suits undertaken all over Italy. The goal was to obtain the reimbursement envisaged by Italian law and the compensation for damages due to the lack of inspections on the part of the Government as to blood for therapeutic use (later proven to be infected).

In January 2016, the Strasbourg Court recognised the patients' right to the compensation envisaged by the Italian law and sentenced Italy to pay for the damages sustained by patients who were infected with HIV, hepatitis B or hepatitis C through blood transfusions during medical treatments.

Thanks to Paola's commitment both at a human and a professional level, the legal process had the extraordinary result of clearing a path for the protection of public health which, departing from Lecce, has since extended to the entire country.

Octobre 2017

PAOLA PERRONE

Paola est l'avocate italienne qui a œuvré pour obtenir une refonte radicale de la réglementation italienne en matière de transfusion.

Elle est en première ligne d'une longue bataille judiciaire qui s'engage à la suite de nombreux cas de contamination par des virus comme le VIH, l'hépatite B et l'hépatite C constatés chez certains patients qui, à des fins thérapeutiques, ont été cliniquement soumis à des transfusions de sang contaminé.

En 2007, avec la promulgation de deux lois, l'État italien ouvre la procédure transactionnelle pour les dommages et intérêts. Cependant, à la suite d'un décret émis par le ministère de la Santé en 2012, la plupart des requérants ayant droit au dédommagement sont de fait exclus des transactions.

L'association Giovanile Talassemici di Lecce, représentée par maître Paola Perrone, présente un recours devant la CEDH - Cour européenne des droits de l'homme ayant son siège à Strasbourg, qui emploie l'expression d'« affaire pilote » pour qualifier l'action légale entreprise par l'association du Salento, qui rassemble autour d'elle les nombreux autres procès intentés sur le territoire national. L'objectif est d'obtenir l'indemnisation prévue par la loi et le dédommagement des préjudices, pour l'absence de contrôles de l'État en matière de transfusion à usage thérapeutique, avec du sang qui s'est avéré contaminé.

En janvier 2016, la Cour de Strasbourg reconnaît aux patients le droit à l'indemnisation prévue par la loi italienne et condamne l'Italie au dédommagement des préjudices subis par certains patients qui, lors de transfusions de sang mises en œuvre à des fins thérapeutiques, ont été contaminés par le VIH, l'hépatite B et l'hépatite C.

Grâce à l'engagement professionnel et humain de Paola, l'affaire judiciaire a permis d'ouvrir, depuis Lecce, la voie vers la protection de la santé publique en faveur de toute l'Italie.

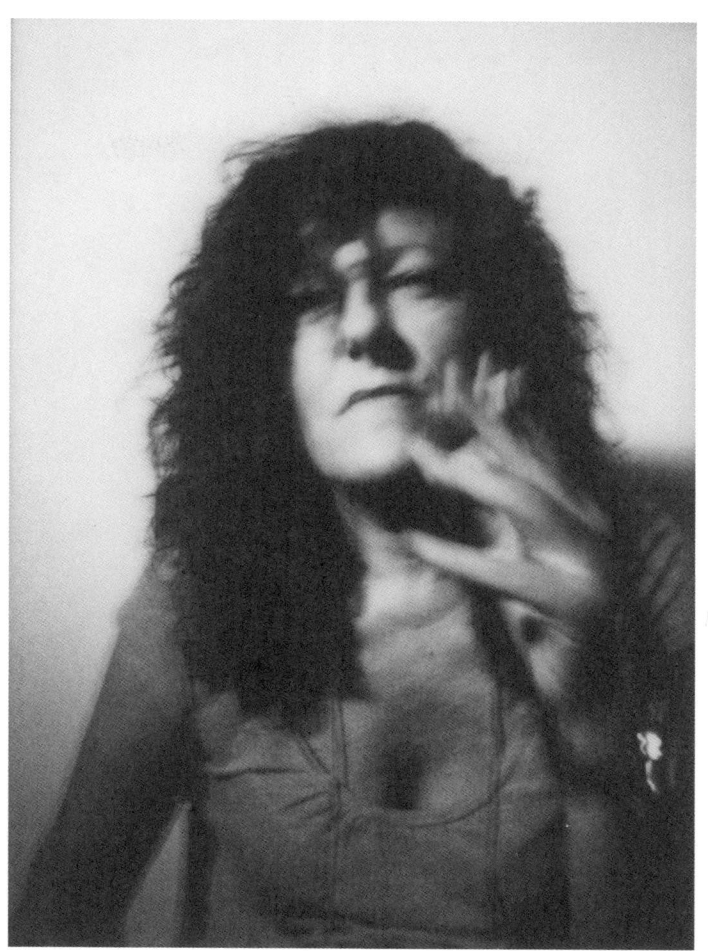

#26.1

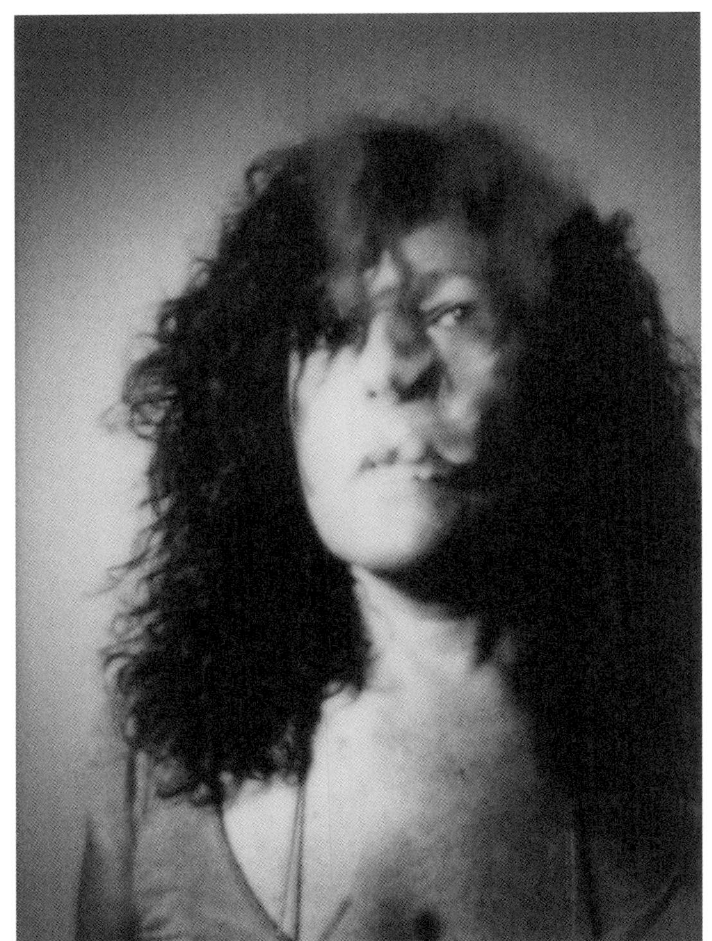

#26.2

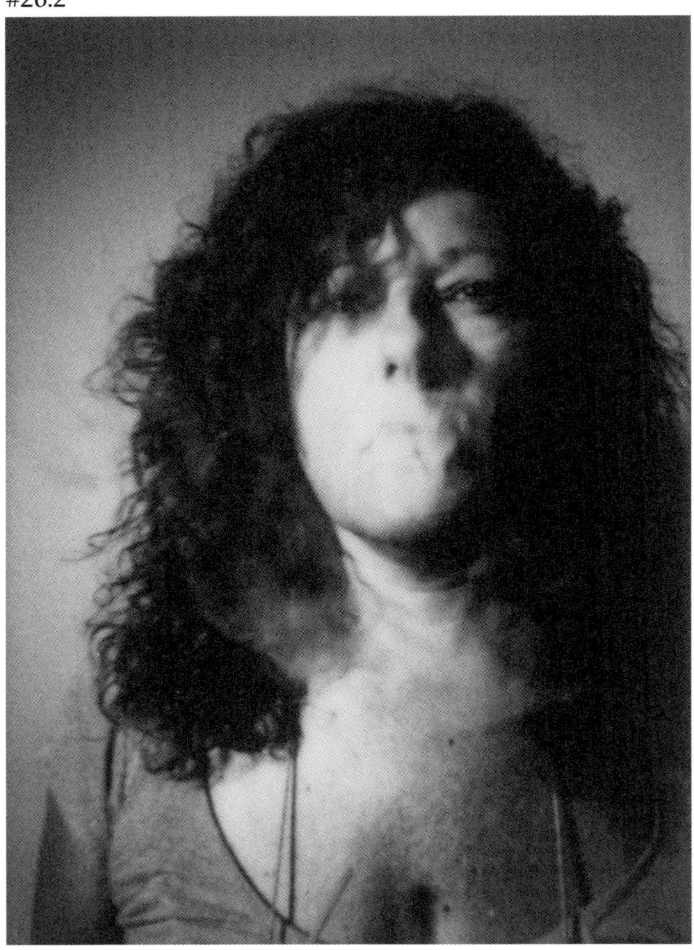

#26.3

Stefano Cucchi Roma, 1/10/1978 Roma, 22/10/2009

Novembre 2017

ILARIA CUCCHI

Ilaria è sorella di Stefano, deceduto per cause ancora da chiarire, presso il reparto detenuti dell'Ospedale Sandro Pertini di Roma.

Nella notte tra il 15 e il 16 ottobre del 2009, il ragazzo viene trasportato e trattenuto in una camera di sicurezza dai carabinieri di una caserma romana, perché trovato in possesso di alcune dosi di droga. Il giorno seguente, durante l'udienza di convalida dell'arresto, il ragazzo mostra evidenti ematomi agli occhi, difficoltà nella deambulazione e nell'eloquio. Da quel momento, i familiari rivedranno Stefano il giorno del decesso e da qui prende avvio la loro battaglia.

Inizialmente vengono identificati come imputati gli agenti di polizia penitenziaria – che avrebbero colpito il ragazzo poco prima dell'udienza in Tribunale – e i medici dell'Ospedale Pertini.

Si sostiene che Stefano sia morto per mancanza di cure, carenza di cibo e liquidi, e che le lesioni post-traumatiche riscontrate potrebbero essere riconducibili in egual misura a un pestaggio oppure a una caduta accidentale.

Una parte dell'iter giudiziario conduce alla sentenza della Corte di Cassazione dell'aprile 2017, che ordina un nuovo processo nei confronti di cinque medici per gravi negligenze nella diagnosi e nelle cure del ragazzo.

A luglio del 2017, viene accolta la richiesta di rinvio a giudizio per tre militari dell'Arma dei Carabinieri, accusati di lesioni divenute mortali e di aver testimoniato il falso, a scapito degli agenti della polizia penitenziaria. Durante l'udienza dell'ottobre 2018, per la prima volta si parla in maniera inequivocabile di pestaggio avvenuto nella notte tra il 15 e il 16 ottobre 2009.

La storia di Stefano suscita un clamore mediatico senza precedenti in Italia, grazie alla lunga battaglia tuttora in corso, portata avanti da Ilaria. Attraverso questa vicenda vengono messe in luce le gravi responsabilità dello Stato nella tutela e nella garanzia dei diritti negati a un ragazzo che riguardano l'intera comunità. Gli ultimi giorni di Stefano Cucchi vengono ripercorsi nel film *Sulla mia pelle* (2018), vincitore di numerosi riconoscimenti.

November 2017

ILARIA CUCCHI

Ilaria is the sister of Stefano, who died of as yet undetermined causes in the inmates' wing of Ospedale Sandro Pertini, a hospital in Rome.

On the night of 15th-16th October 2009, after being found in possession of a few drug doses, the young man was transported to and detained in a top-security cell by the *carabinieri* from a Roman police station. The next day, he appeared at the arrest validation hearing with noticeable bruises, also showing difficulty in walking and talking. From that day on, Stefano's family wouldn't be allowed to see him again until his death, which started off their battle.

The prison officers – who allegedly beat the young man shortly before his court hearing – and Ospedale Pertini doctors were initially identified as the defendants.

The young man's death was claimed to be ascribable to lack of medical care, lack of food and liquids; furthermore, the post-trauma lesions discovered were ascribable in equal measure to a beating or to an accidental fall.

Part of the legal procedure led to the sentence issued by the Court of Cassation in April 2017, ordering a new trial against five doctors for serious negligence in their diagnosis and treatment of the young man.

The request for the committal to trial of three *carabinieri* – with the accusation of fatal lesions and of having given false evidence at the expense of the prison officers – was granted in July 2017. During the October 2018 hearing, unequivocal mention of the beating which took place on the night of 15th–16th October 2009 was made for the first time.

Stefano's story caused an unprecedented media sensation in Italy, thanks to the lengthy and ongoing battle carried on by Ilaria. The Cucchi case has highlighted the Government's critical responsibility in the safeguarding and guaranteeing of the rights denied to a young man that concern the whole community. Stefano Cucchi's last days are retraced in the film *Sulla mia pelle* (2018), which won several awards.

Novembre 2017

ILARIA CUCCHI

Ilaria est la sœur de Stefano, décédé dans des circonstances non élucidées, dans le service des détenus de l'hôpital Sandro Pertini de Rome.

Dans la nuit du 15 au 16 octobre 2009, arrêté en possession de plusieurs doses de drogue, le jeune homme est transporté et enfermé dans une pièce sécurisée par les carabiniers d'une caserne de Rome. Le lendemain, pendant l'audience de confirmation de l'arrestation, Stefano présente des hématomes évidents au niveau des yeux, ainsi que des difficultés à marcher et à s'exprimer. Les proches de Stefano ne reverront ce dernier que le jour de sa mort, qui marquera le début de leur combat.

Les accusations visent tout d'abord les agents de la police pénitentiaire - qui auraient frappé Stefano peu avant l'audience - et les médecins de l'hôpital Pertini.

Il est établi que le jeune homme est mort par manque de soins médicaux, de nourriture et d'eau et que les blessures post-traumatiques examinées peuvent être aussi bien dues à un passage à tabac qu'à une chute accidentelle.

Une partie de la procédure judiciaire conduit à la décision de la Cour de cassation d'avril 2017, qui ordonne un nouveau procès pour cinq médecins, pour négligences graves en matière de diagnostic et de soins apportés à Stefano.

En juillet 2017, la demande de renvoi en jugement de trois militaires de l'Arme des Carabiniers est acceptée : ils sont accusés de blessures mortelles et de faux témoignage, aux dépens des agents de la police pénitentiaire. Pendant l'audience d'octobre 2018, on évoque pour la première fois de façon formelle un passage à tabac survenu la nuit du 15 au 16 octobre 2009.

L'histoire de Stefano suscite un intérêt médiatique sans précédent en Italie, notamment grâce à Ilaria qui poursuit son inlassable combat. Cette affaire met en lumière les graves responsabilités de l'État dans la protection et la garantie des droits niés à un jeune homme, mais qui concernent toute la communauté.

Les derniers jours de Stefano Cucchi sont retracés dans le film *Sur ma peau* (2018) qui a obtenu de nombreux prix.

#27.1

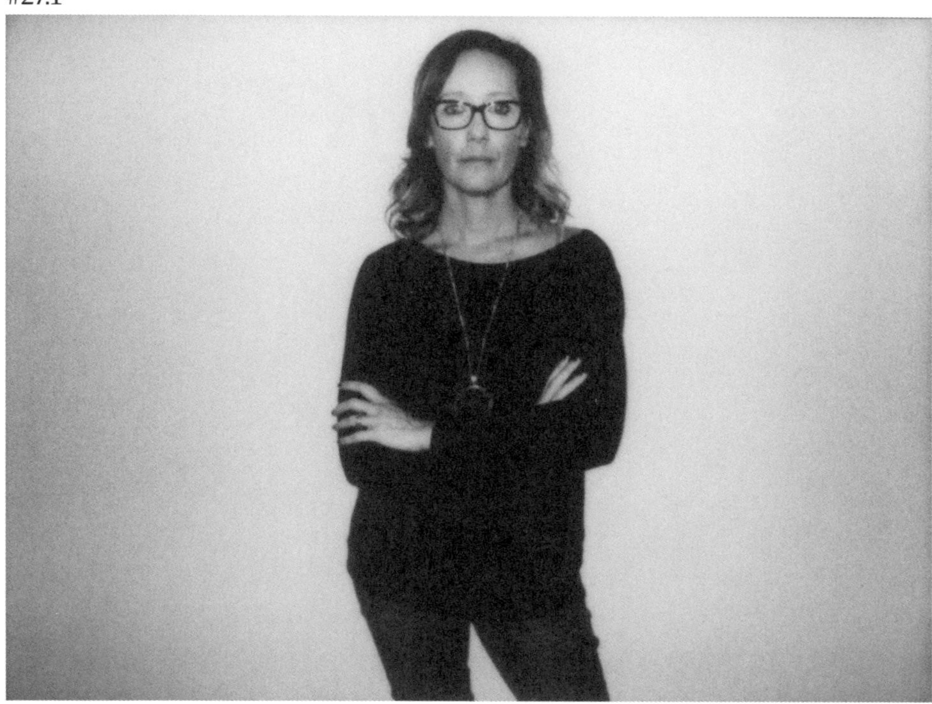
#27.2

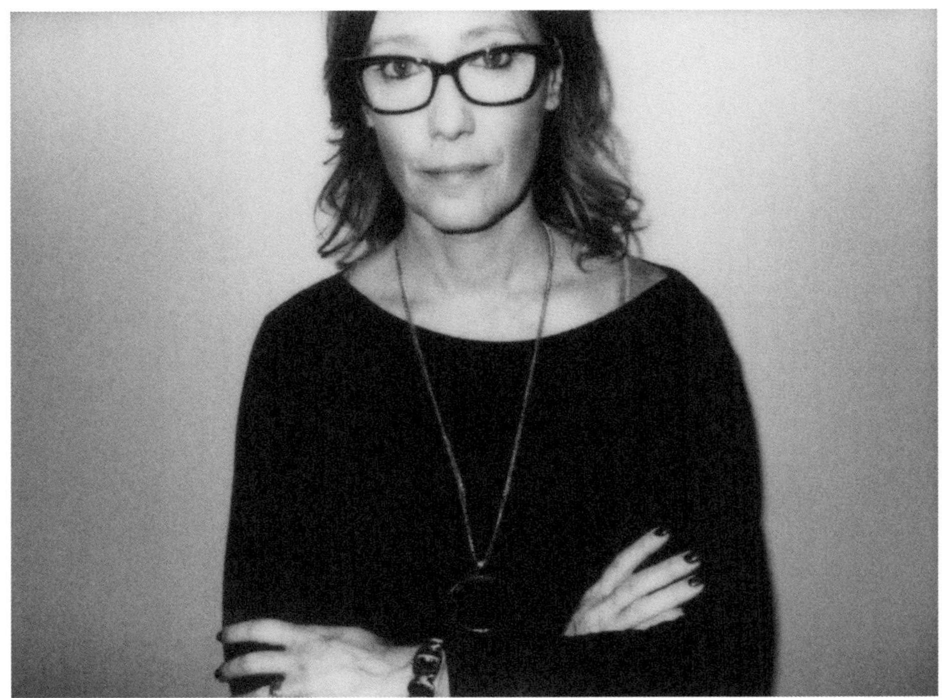

#27.3

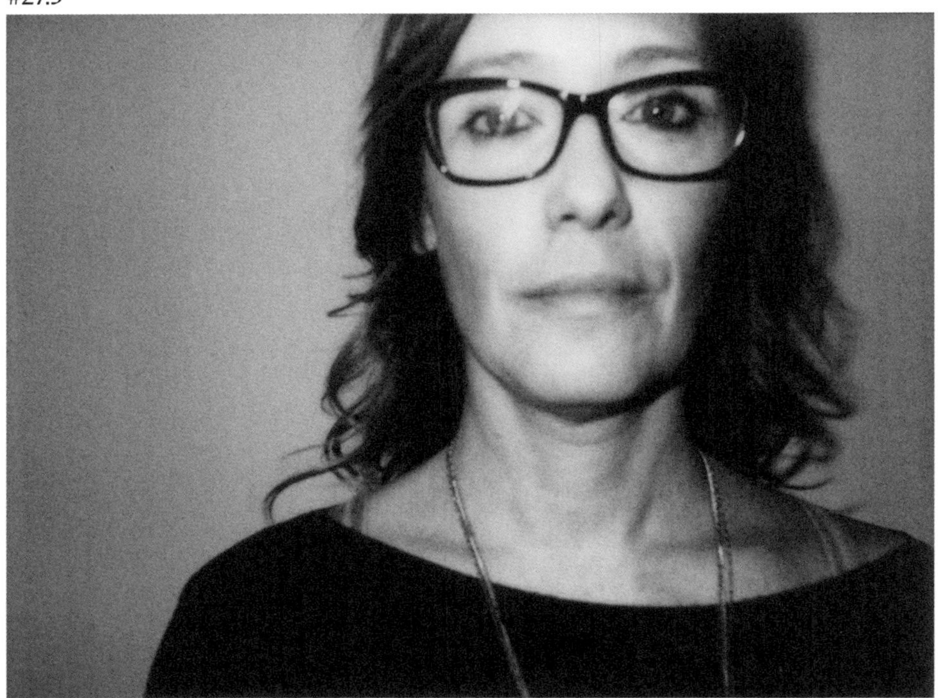

#27.4

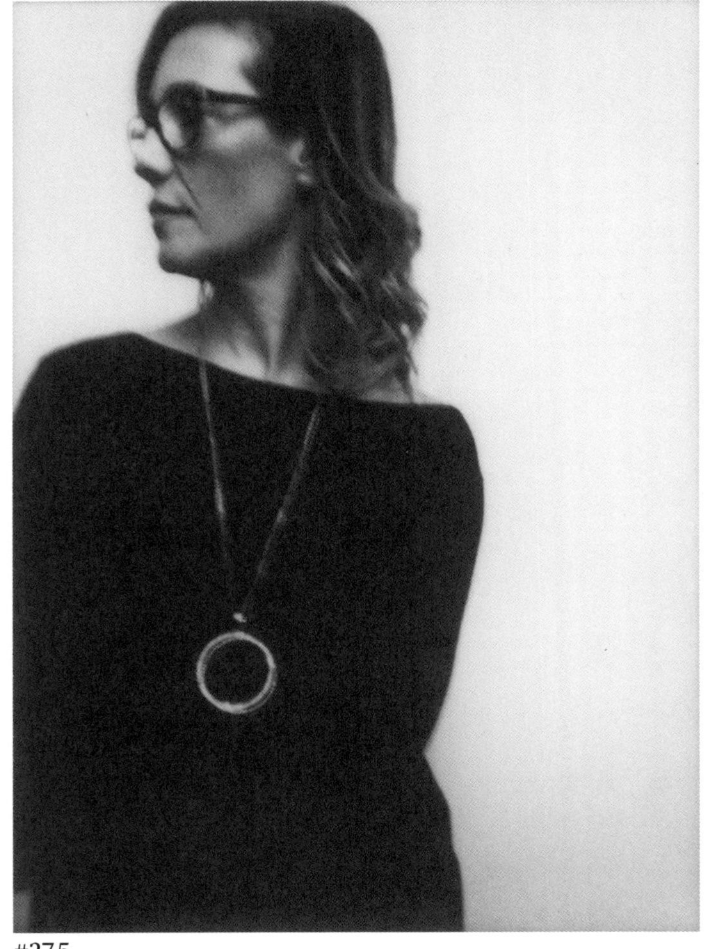

#27.5

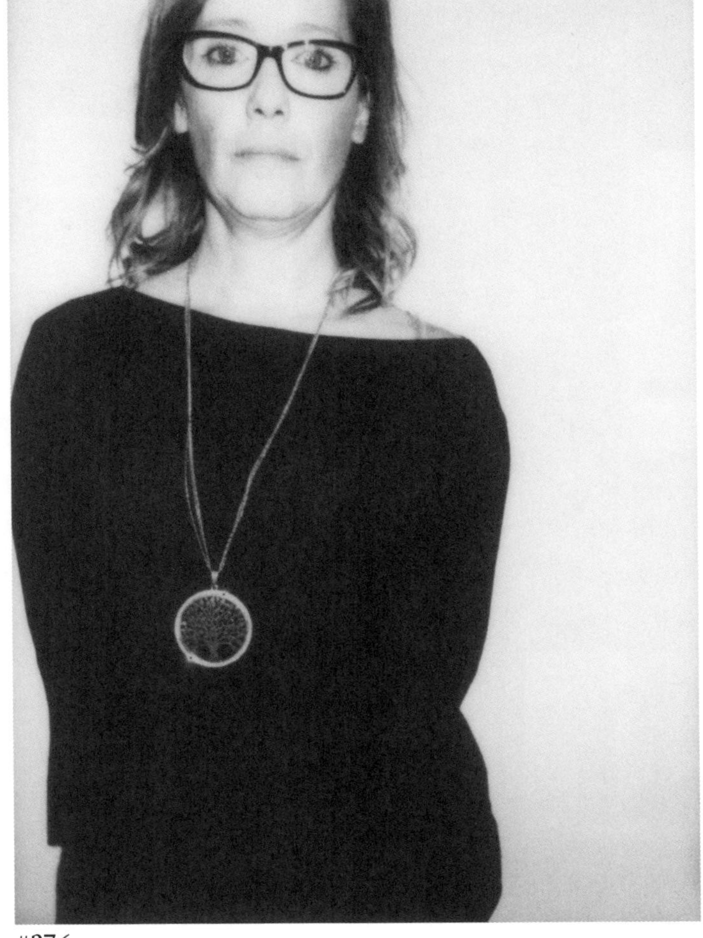

#27.6

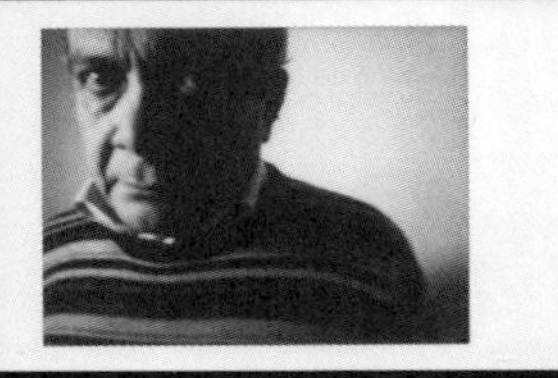
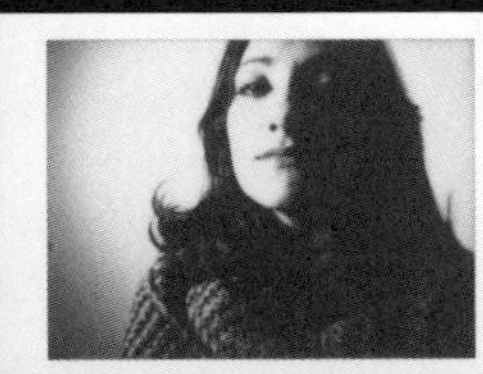

#1 Giovanni Impastato
Luisa Impastato

#6 Michela Buscemi

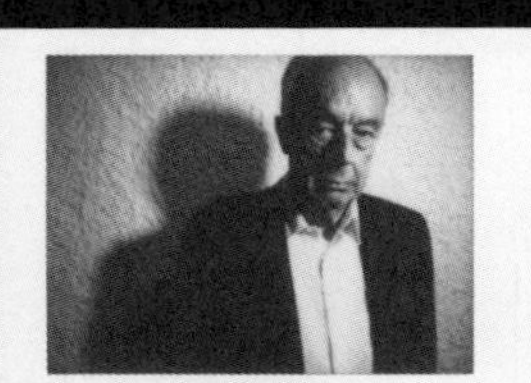

#2 Beppino Englaro

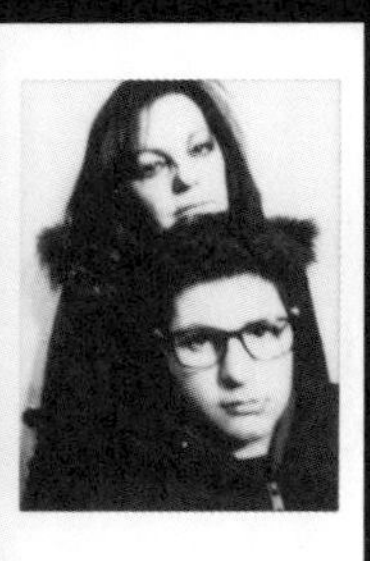

#7 Ornella Gemini
Nathan Aprile Gatti

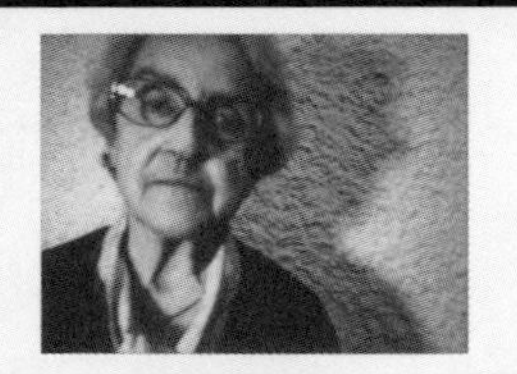

#3 Mina Welby

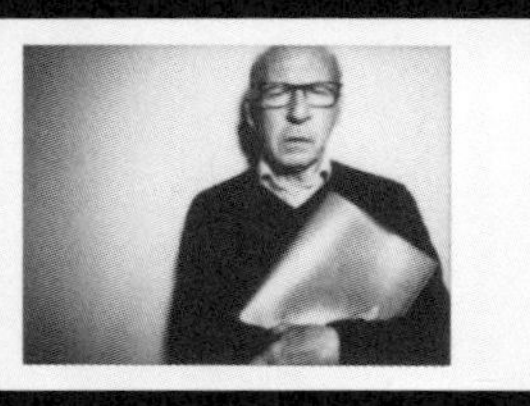

#8 Salvatore Borsellino

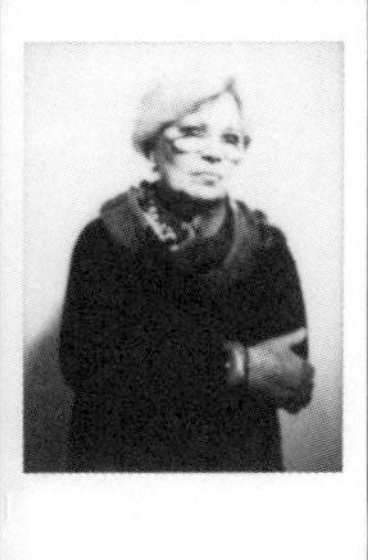

#4 Graziella Proto

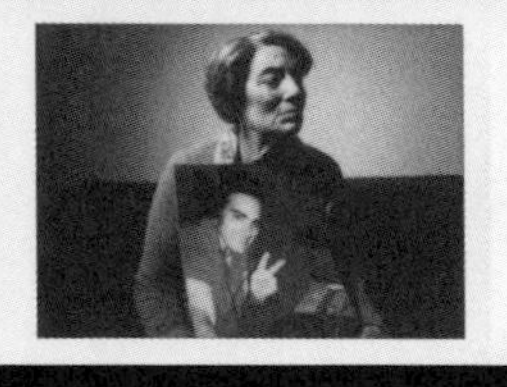

#9 Adele Chiello Tusa

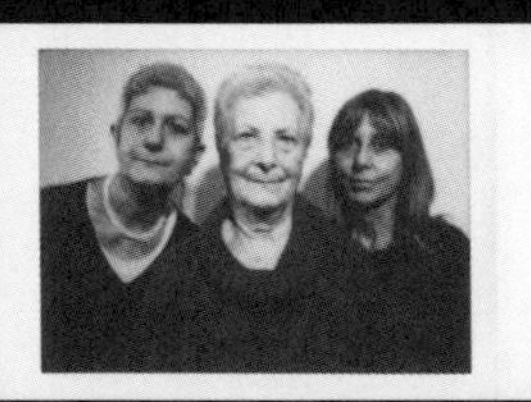

#5 Licia Rognini
Claudia Pinelli
Silvia Pinelli

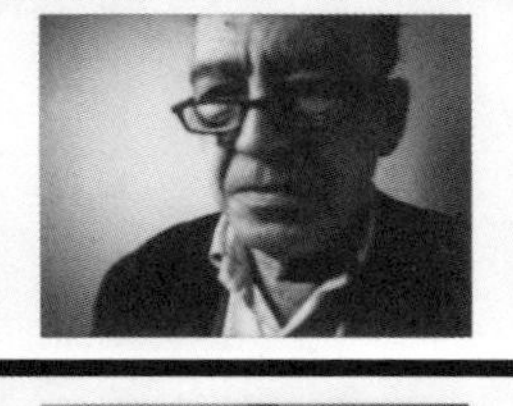
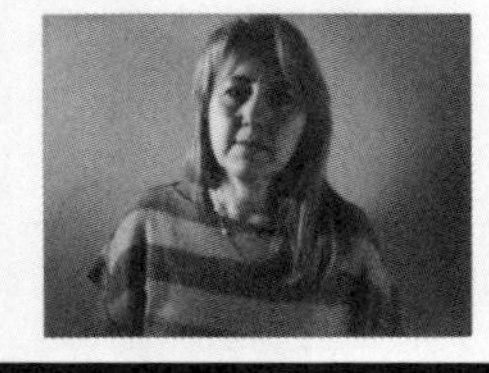

#10 Mario Ciancarella
Barbara Dettori

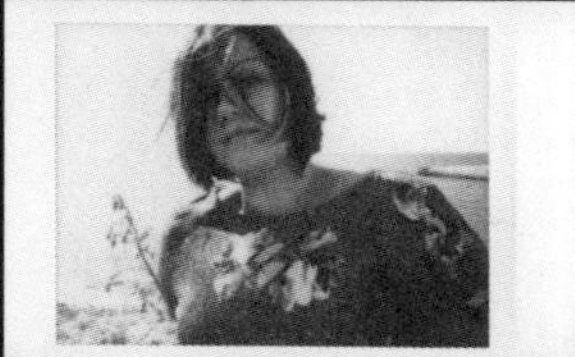

#11 Margherita Asta

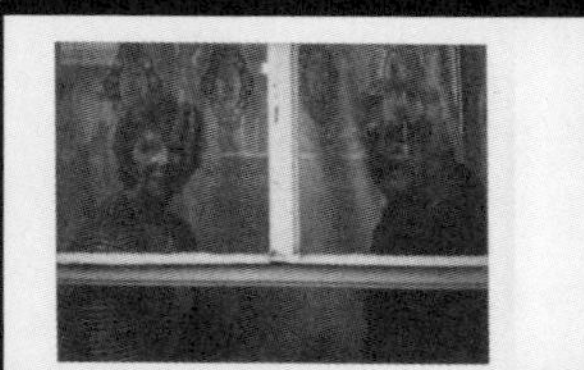

#12 Gioacchino Manca
Angela Gentile

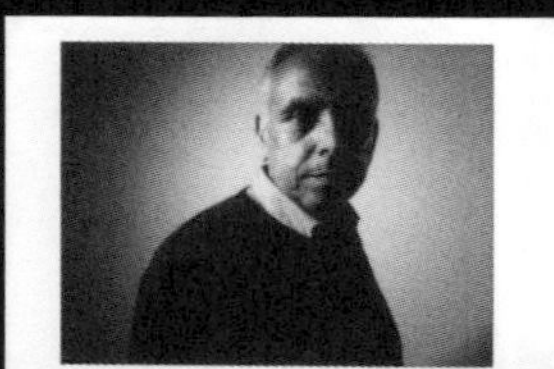

#13 Pietro Campagna

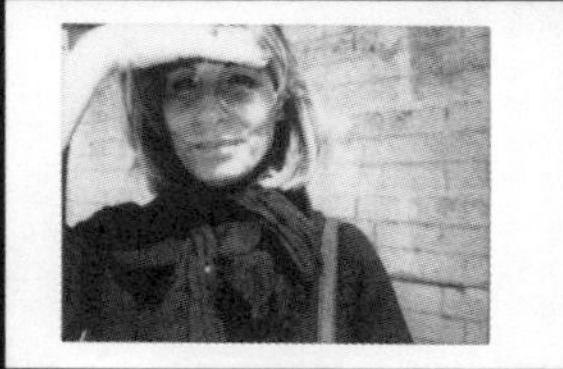

#14 Daniela Castellano

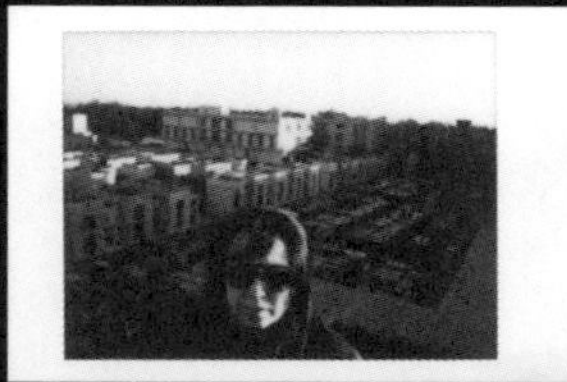

#15 Sabrina Corisi

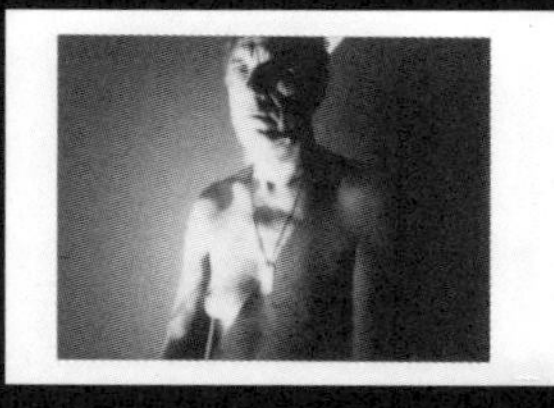

#16 Andrea Rinaldelli

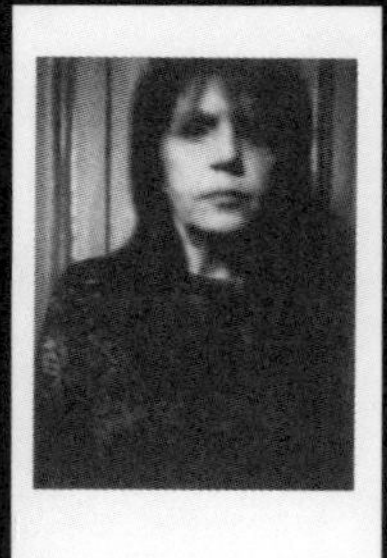

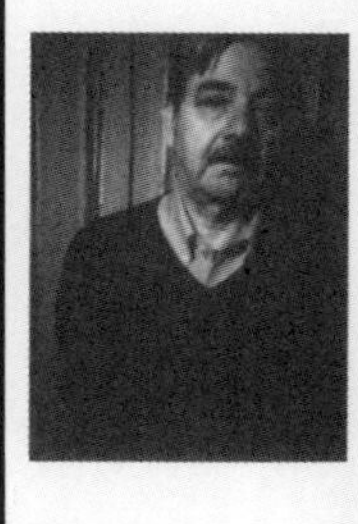

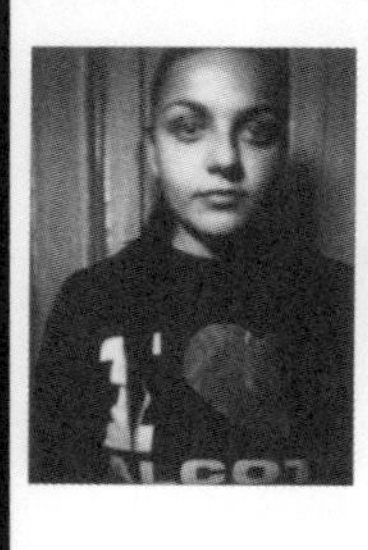

#17 Marisa Toraldo
Pietro Nasta
Federica Nasta

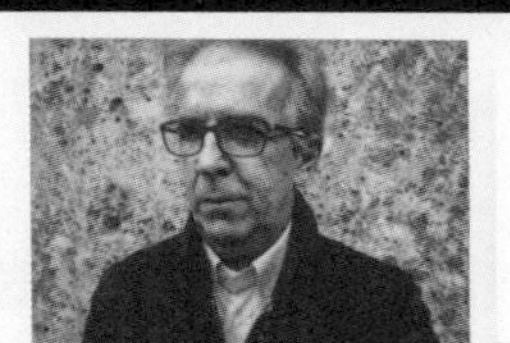

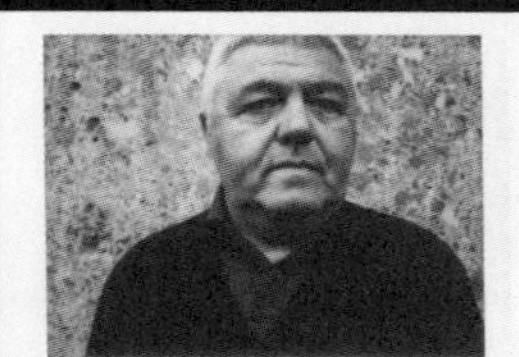

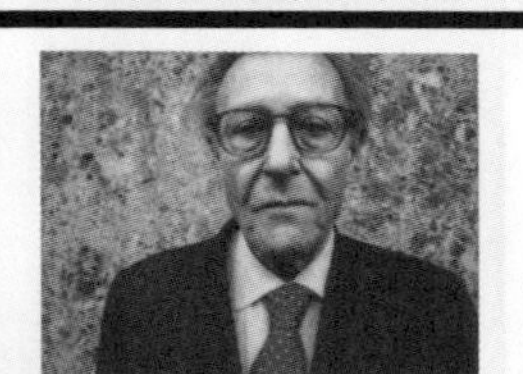

#18 Carlo Arnoldi
Paolo Dendena
Paolo Silva

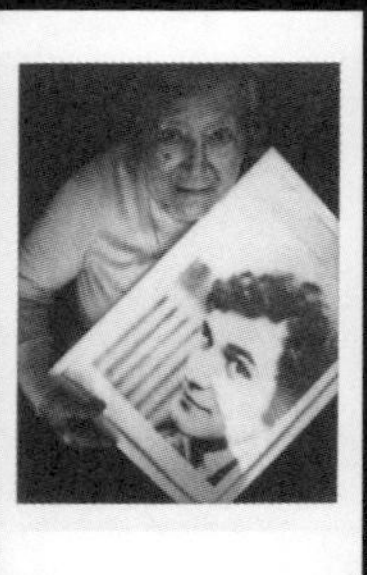

#19 Lydia Franceschi

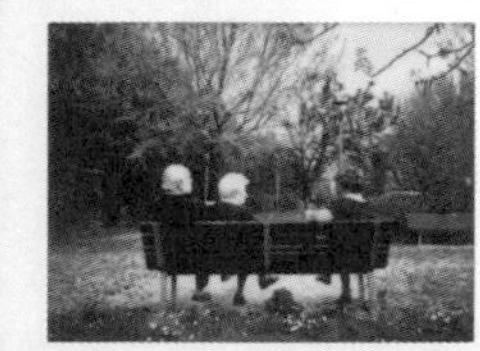

#20 Daniela Rossi
Carlo Rossi
Adele Folcia

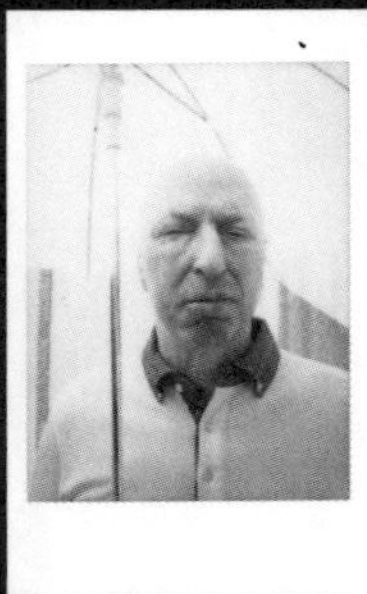

#21 Marco Piagentini

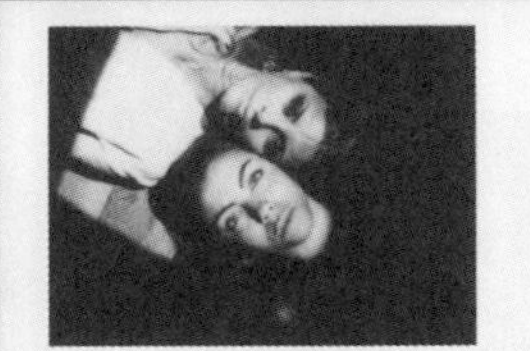

#22 Antonella Tognazzi
Carolina Orlandi

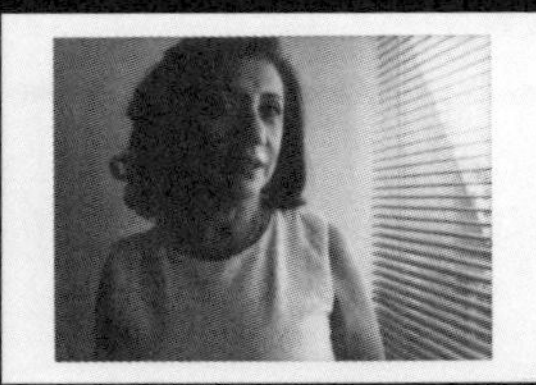

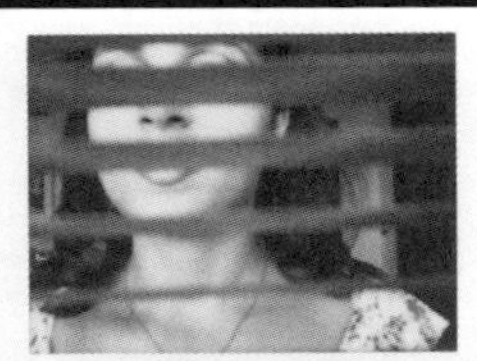

#23 Cettina Merlino
Gilda Parmaliana

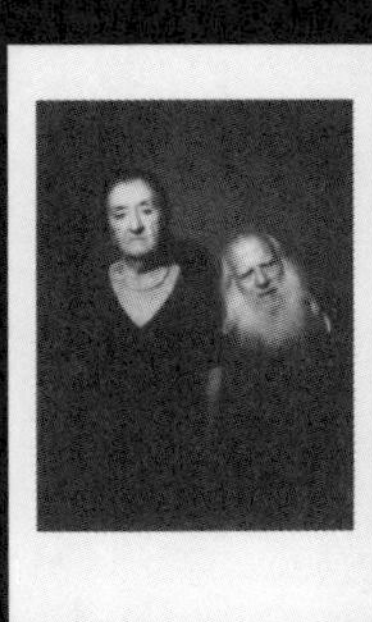

#24 Augusta Schiera
Vincenzo Agostino

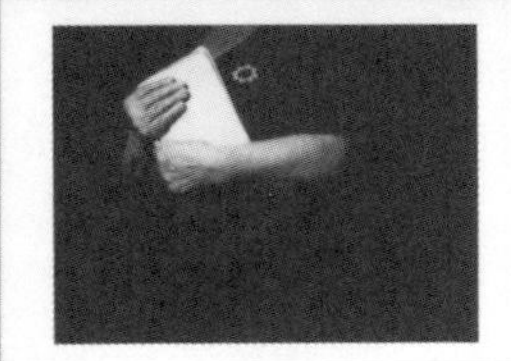

#25 Marisa Fiorani

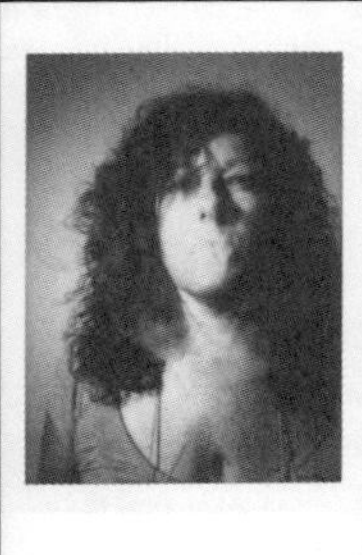

#26 Paola Perrone

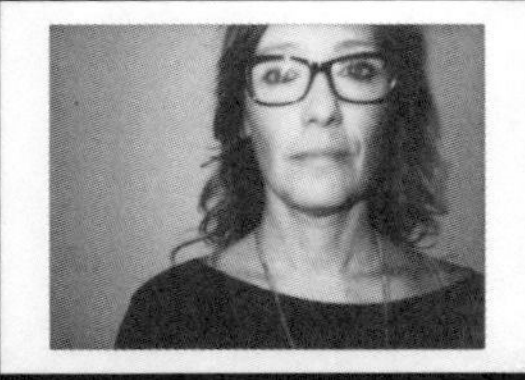

#27 Ilaria Cucchi

NOTA BIOGRAFICA

Alberto Gandolfo nasce a Palermo nel 1983. Da sempre appassionato di fotografia, nel 2010 inizia un percorso di formazione presso un istituto specializzato della sua città.

Apprende le tecniche di stampa del bianco e nero seguendo un workshop con Antonio Manta, approfondisce generi e approcci diversi, in un percorso specifico con autori quali Valerio Bispuri ed Efrem Raimondi. Ispirato da quest'ultimo e dalla produzione di grandi maestri, come Richard Avedon e Paolo Roversi, si specializza nel ritratto.

Negli ultimi anni ha realizzato numerosi progetti, ritraendo personaggi comuni ed esponenti della cultura nazionale ed internazionale.

Le sue opere sono state esposte in diverse sedi, tra cui la GAM - Galleria d'Arte Moderna di Palermo, la Fondazione Teatro Massimo di Palermo e in occasione dei Voies Off durante il prestigioso festival internazionale di fotografia Les Rencontres d'Arles.

Nel 2016 fonda Église, realtà nata allo scopo di promuovere la fotografia, attraverso attività di formazione ed espositive sul territorio palermitano.

Con il progetto "Quello che resta" nel 2018 vince il primo premio come miglior portfolio nell'ambito del festival Fotografia Europea.

RINGRAZIAMENTI

Desidero ringraziare tutte le persone i cui volti sono presenti in queste pagine. L'Associazione Rita Atria, l'Associazione Casa memoria Felicia e Peppino Impastato e Stefania Mulè.

Coloro che hanno sempre creduto in me, supportandomi in questi tre anni di lavoro, prima fra tutti mia moglie Maria Teresa.

Efrem Raimondi, da cui ho imparato l'importanza del racconto attraverso il ritratto e per avermi consigliato di mostrare il progetto alla persona che poi ne è diventata curatrice. Benedetta Donato, per averci creduto fin dal primo istante. Giovanna Calvenzi, per aver compreso questo lavoro e averlo onorato della sua preziosa partecipazione. Enrico Stefanelli, per la lunga chiacchierata del 2016 ad Arles, che mi ha spronato a portare avanti questo progetto. Iole Carollo e Peppe Tornetta, amici e compagni in questo viaggio che è la fotografia.

BIOGRAPHICAL NOTE

Alberto Gandolfo was born in Palermo in 1983. Passionate about photography since a young age, he started his training in 2010 in a local school of photography.

He studied printing techniques for black and white at a workshop with Antonio Manta, and then deepened his knowledge in various genres and approaches, at a specialized course of studies with authors such as Valerio Bispuri and Efrem Raimondi. Inspired by the latter and from the production of grand masters like Richard Avedon and Paolo Roversi, Alberto specialized in portraits.

In the last years he has completed many projects, with subjects ranging from common characters to representatives of national and international culture.

His artworks have been displayed in many sites, including: GAM - Galleria d'Arte Moderna of Palermo, Fondazione Teatro Massimo, Les Rencontres d'Arles - Voies Off, during the famous international festival of photography.

In 2016 he founded Église, a project that aims to promote photography thanks to a continuous activity of formation and exhibition in Palermo area.

With the project "What remains" he won the first prize as best portfolio at the Fotografia Europea festival, 2018 edition.

ACKNOWLEDGEMENTS

I'd like to thank every single person whose face appears on these pages.
The Associazione Rita Atria, the Associazione Casa Memoria Felicia e Peppino Impastato and Stefania Mulé.

Everyone who has always believed in me, supporting me over the past three years of work, first of all my wife Maria Teresa. Efrem Raimondi, who taught me the importance of storytelling through portraits, as well as suggesting that I show the project to the person who eventually became its editor. Benedetta Donato, who believed in it right from the start. Giovanna Calvenzi, for having understood the work and honoured it by her valuable participation. Enrico Stefanelli, for the long chat we had at Arles in 2016, which spurred me on to go through with the project. Iole Carollo and Peppe Tornetta, my friends and companions on the journey that photography entails.

NOTE BIOGRAPHIQUE

Alberto Gandolfo naît à Palerme en 1983. Passionné de photographie depuis toujours, il entreprend en 2010 un parcours de formation au sein d'un institut spécialisé de sa ville.

Il apprend les techniques d'impression du noir et blanc en participant à un atelier conduit par Antonio Manta et approfondit divers genres et approches, en suivant un parcours spécifique avec des photographes comme Valerio Bispuri et Efrem Raimondi. S'inspirant de ce dernier et de la production de grands maîtres comme Richard Avedon et Paolo Roversi, il se spécialise dans le portrait.

Au cours de ces dernières années, il a réalisé de nombreux projets, en immortalisant aussi bien des inconnus que des représentants de la culture nationale et internationale.

Ses œuvres ont été exposées dans différents lieux, parmi lesquels la GAM – Galleria d'Arte Moderna de Palerme, la Fondazione Teatro Massimo de Palerme, ou encore Les Rencontres d'Arles - Voies Off à l'occasion du prestigieux festival international de photographie.

En 2016, il fonde Église, une association dont le but est de promouvoir la photographie, à travers l'articulation d'activités de formation et d'exposition continues sur le territoire palermitain.

Avec le projet *Ce qui reste*, il gagne le premier prix du meilleur portfolio à l'occasion du festival Fotografia Europea édition 2018.

REMERCIEMENTS

Je souhaite remercier toutes les personnes dont les visages sont présents dans ces pages. L'association Rita Atria, l'association Casa memoria Felicia e Peppino Impastato et Stefania Mulè.

Tous ceux qui ont toujours cru en moi en me soutenant au cours de ces trois années de travail, notamment ma femme Maria Teresa. Efrem Raimondi, qui m'a appris l'importance du récit à travers le portrait et m'a conseillé de présenter ce projet à la personne qui en est devenue l'éditrice. Benedetta Donato, pour y avoir cru dès le premier instant. Giovanna Calvenzi, pour avoir compris ce projet et l'avoir honoré de sa précieuse participation. Enrico Stefanelli, pour notre longue conversation à Arles en 2016 et pour m'avoir encouragé à mener à terme ce projet. Iole Carollo et Peppe Tornetta, amis et compagnons de ce voyage qu'est la photographie.

In copertina / Cover / En couverture
Marisa Fiorani con il diario di sua figlia Marcella, 2017 / Marisa Fiorani with her daughter Marcella's diary, 2017 / Marisa Fiorani avec le journal de sa fille Marcella, 2017

Art Direction e / and / et
Progetto grafico / Graphic Design / Projet graphique
Tomo Tomo

Ricerca archivi e redazione schede monografiche aggiornate alla data del 1 marzo 2019 / Archive researches and editing of the monographic profiles updated to 1 March 2019 / Recherche dans les archives et rédaction des fiches monographiques actualisées au 1er mars 2019
Benedetta Donato

Carattere / Typeface / Police
GT Sectra

Stampato su / Printed on / Imprimé sur
Favini Biancoflash Natural
Fedrigoni Freelife Cento

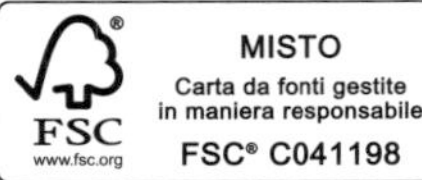

Le riproduzioni, la stampa e la rilegatura sono state eseguite in Italia / Reproductions, printing and binding in Italy / Les reproductions, l'impression et la reliure ont été réalisées en Italie

Stampato da / Printed by / Imprimé par
Intergrafica S.r.l., Verona

Finito di stampare nel mese di maggio 2019
Printed May 2019
Achevé d'imprimer en mai 2019

Copia n. / copy no. / copie n°.
166 di / of / de 400

Silvana Editoriale S.p.A.
via dei Lavoratori, 78
20092 Cinisello Balsamo, Milano
tel. 02 453 951 01
fax 02 453 951 51
www.silvanaeditoriale.it

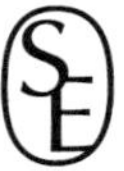

Direzione editoriale / Direction / Direction éditoriale
Dario Cimorelli

Art Director / Directeur artistique
Giacomo Merli

Coordinamento editoriale / Editorial Coordinator / Coordination d'édition
Sergio Di Stefano

Redazione / Copy Editors / Rédaction
Sara Tedesco, Chiara Golasseni

Traduzioni / Translations / Traductions
Contextus srl, Pavia (Daniela Innocenti), Laura Trémoulet

Coordinamento di produzione / Production Coordinator / Organisation
Antonio Micelli

Segreteria di redazione / Editorial Assistant / Secrétaire de rédaction
Ondina Granato

Ufficio iconografico / Photo Editor / Iconographie
Alessandra Olivari, Silvia Sala

Ufficio stampa / Press Office / Bureau de presse
Lidia Masolini, press@silvanaeditoriale.it

ISBN 9788836642526

Con il supporto di / With the support of / Avec le soutien de

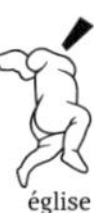